N & K

Werner Morlang

So schön beiseit

SONDERLINGE
UND SONDERFÄLLE DER
WELTLITERATUR

Nagel & Kimche

Autor und Verlag danken der Migros-Kulturprozent
und dem Präsidialdepartement der Stadt Zürich
für ihre freundliche Unterstützung

1 2 3 4 5   05 04 03 02 01

© 2001 Verlag Nagel & Kimche AG, Zürich
Herstellung: Meike Harms und Hanne Koblischka
Satz: Filmsatz Schröter GmbH
Druck und Bindung: Friedrich Pustet
Printed in Germany
ISBN 3-312-00287-7

«Ich war so hübsch, so schön beiseit.»
ROBERT WALSER

«Wer zwei Paar Hosen hat, mache eins
zu Geld und schaffe sich dieses Buch an.»
GEORG CHRISTOPH LICHTENBERG

EINLEITUNG

Im Herbst lässt sich stilvoll trauern. Nicht nur die Natur, auch der Büchermarkt lädt dann zu einem vergänglichen Farbenspiel und beides erzieht zur Wehmut. Messen sind angesagt, Tische und Auslagen überquellen mit bunter Fracht, die Feuilletons halten wacker mit, der eine oder andere Tupfer bereichert das Weihnachtsgeschäft: «Wie schön sich Bild an Bildchen reiht – / das geht in Ruh' und Schweigen unter». Das Phänomen und die Klage darüber sind uns geläufig, «naturgemäß», wie es der finstere Wortsinn von Thomas Bernhard haben will. Und alt, wenn auch nicht unbedingt ehrwürdig. Arthur Schopenhauer etwa, der sich noch über die vergleichsweise harmlose Leipziger Messe erboste, hat bei Gelegenheit das Schicksal der Schriftsteller sternkundlich gedeutet und diese in «Sternschnuppen, Planeten und Fixsterne» eingeteilt:

«Die Ersteren liefern die momentanen Knalleffekte: man schauet auf, ruft ‹siehe› da! und auf immer sind sie verschwunden. – Die Zweiten, also die Irr- und Wandelsterne, haben viel mehr Bestand. Sie glänzen, wiewohl bloß vermöge ihrer Nähe, oft heller als die Fixsterne, und werden von Nichtkennern mit diesen verwechselt. Inzwischen müssen auch sie ihren Platz räumen, haben zudem nur geborgtes Licht und eine auf ihre Bahngenossen (Zeitgenossen) beschränkte Wirkungssphäre. Sie wandeln und wechseln: ein Umlauf von einigen Jahren Dauer ist ihre Sache. – Die Dritten allein sind unwandelbar, stehn fest am Firmament, haben eigenes Licht, wirken zu Einer Zeit, wie zur andern, indem sie ihr Ansehn nicht durch die Veränderung unsers Standpunkts ändern, da sie keine Parallaxe haben. Sie gehören nicht, wie jene Andern, EINEM Systeme (Nation) allein an;

sondern der Welt. Aber eben wegen der Höhe ihrer Stelle, braucht ihr Licht meistens viele Jahre, ehe es dem Erdbewohner sichtbar wird.»

Da geht es erstaunlich genug zu. Es ist zu vermuten, dass unser Betrachter des nächtlichen Himmels auch jene Stelle ins Auge fasste, die er selber einmal einzunehmen gesonnen war. Man gönnt ihm die tröstliche Aussicht, die ihm über irdisches Ungemach hinweggeholfen hat, und dennoch wundert man sich, dass einer, der seiner Mitwelt das Schlimmste zutraute, darauf hoffte, die Nachwelt, genauer: später geborene «Geister höherer Art» würden es schon richten. Nun wird auch heute noch gern der Anspruch auf ‹Verewigung› in der ältlichen Form eines Buches angemeldet, und weder der Triumph der visuellen Medien und CD-Rom, die Hiobsbotschaften über die erbärmliche Beschaffenheit des Papiers noch ein ernüchternder Gang durchs Brockenhaus, geschweige denn ein Rest an Selbsterkenntnis hat jemanden davon abgehalten, die Verlage mit Schriftsachen zu behelligen, die vielleicht besser in der Schublade geblieben wären. Dennoch wird keiner mehr einen Pakt mit der Ewigkeit schließen wollen. Wer will sich nur schon in den allenthalben drohenden Halbwertszeiten einrichten, und da es um den Bestand des Heimatplaneten schlecht bestellt ist, hat es wenig Sinn, überzeitliche Geltungswünsche – und sei es nur metaphorisch – auf fremden Himmelskörpern zu deponieren. Und äußert mal ein Autor den Wunsch, seine Gedichte möchten einige Saisons überdauern, empfiehlt sich die redliche Ironie eines Peter Rühmkorf, der die seinigen für «haltbar bis Ende 1999» erklärte.

Indessen hat die astronomische Gelassenheit, mit der Schopenhauer einst die Bücherwelt musterte, nichts von ihrer Gültigkeit eingebüßt. Auch sub specie einer geschrumpften

Ewigkeit erweist sich manch literarischer Dauerbrenner als bengalisches Streichholz, und der hinlänglich adjustierte Blick wird der festlichen Illumination eines Bücherherbstes gerade noch den hinfälligen Zauber eines Feuerwerks abgewinnen. Im Nachhinein ist es ohnehin leicht, literarische Gebilde, die sich im Bestsellerknall erschöpften, von jenen zu unterscheiden, welche für eine oder mehrere Generationen von Lesern ihre Strahlkraft behielten, wobei man sich freilich über die jeweilige Anwartschaft auf den Rang eines Planeten oder Fixsterns streiten kann. Der Markt kümmert sich nicht um die vergänglichen Konjunkturen der Bücher und Autoren, solange der Betrieb gewährleistet ist. Haben jene ihren kommerziellen Zweck erfüllt, werden sie klanglos in den Orkus der Vergessenheit entlassen. Doch ausgerechnet der Markt leistet sich in aller Scheinheiligkeit – als wär's ihm um den Luxus eines schlechten Gewissens zu tun – einen Nebenschauplatz, der das Geschehen auf der Hauptbühne Lügen straft: den Antiquariatshandel. Da wird zwar dem Geschäft durchaus Genüge getan, und es sind nicht unbedingt die lautersten Motive, welche die Sammler und Händler zu ihrem Treiben anstiften. Dennoch findet an dieser Börse eine fröhliche Umwertung scheinbar unumstößlicher Ordnungen statt. Kleine Verlage und winzige Auflagen stehen plötzlich hoch im Kurs. Einzelne vom Staub und Stigma der Unverkäuflichkeit behaftete Lyrikbändchen erzielen fabelhafte Preise. Auf der anderen Seite werden Erstausgaben weithin geschätzter Autoren mit einem Gähnen abgefertigt, und für den Liebhaber abgelegener Preziosa hat es stets etwas Erfrischendes, wenn ein jüngst in den Feuilletons der Tageszeitungen gepriesenes Produkt vom Antiquaren nunmehr als ‹Schrott› taxiert wird. Den Schriftstellern kommt leider der berichtigte Stand der Dinge nicht zugute, und auch der Sammler greift bisweilen seufzend ins Portemonnaie, weil sein Instinkt zu spät auf eine Kursänderung reagiert hat.

Nun soll hier nicht in erster Linie das Antiquariat als literaturkundliches Observatorium ins Feld geführt und gegen die Misslichkeiten des Novitätenmarktes oder der Literaturwissenschaft ausgespielt werden. Die Beschäftigung mit Büchern – so viel erhellt in aller Deutlichkeit aus Schopenhauers Denkbild – ist immer eine Sache der Wahrnehmung. Damit befassen sich von Berufs wegen oder zu ihrem Vergnügen Heerscharen von Produzenten, Vermittlern und Rezipienten, und zuletzt braut sich etwas zusammen, das Schopenhauer «Wirkungssphäre» nennt. Das ist allerdings ein eher wolkiges Orplid, das leicht ins Nirgendwo verdampft, es sei denn, man hält es dort fest, wo man es zweifellos antrifft: im Kopf des Lesers. Auf ihn kommt es an. Wenn ich im Folgenden vergessene, zumindest viel zu wenig bekannte Bücher und Autoren vorstelle, soll einzig und allein um diesen Kopf geworben werden. Nicht so sehr mit Ausgrabungen, abseitigen Kuriosa oder gediegenen Antiquitäten, ja nicht einmal mit dem Reiz von ‹Geheimtipps›, als vielmehr mit Texten, die nach meiner Überzeugung eine unmittelbar packende Lektüre versprechen. Genauer: mit «Sonderlingen und Sonderfällen der Weltliteratur».

Vermutlich wird nicht gleich jedes Leserinnen- und Leserherz beim Zusammentrommeln der erwähnten Eigenbrötler höher schlagen. Wer lässt sich schon gerne mit Sonderlingen ein, zumal es diese ihrerseits für eine zweifelhafte Ehre erachten, als solche abgestempelt zu werden, und vornehmlich mit sich selber Umgang pflegen. Dabei haben Lesende und Schreibende, die ihrem jeweiligen Geschäft mit wünschenswerter Hingabe obliegen, mehr mit der anrüchigen Gattung gemein, als ihnen gefällt. Individuen, welche prinzipiell lieber in einer Buchstabenwelt leben, als dass sie sich in der realen tummeln, werden nicht minder Sonderlinge gescholten wie jene, die ihren Eigensinn daran wenden, künstliche

Bücher-Paradiese zu erdichten. Bei unseren Sonderlingen waltet zwischen ihrem Gebaren und ihrem Wesen, mithin ihrem Schaffen und Leben eine wechselseitig erhellende Beziehung. Daher werden die hier präsentierten Bücher – soweit es der beschränkte Raum erlaubt – in einen lebensgeschichtlichen Kontext gerückt. Dabei soll weder die eine noch die andere Determinante beschönigend wirken oder gar eine genialische Leben-Werk-Harmonie vortäuschen. Indem die dezidierten Außenseiter unabhängig von Moden und äußeren Bewertungsinstanzen ganz ihrem dichterischen Naturell verpflichtet waren, mussten sie solche Konsequenz oft mit einem schwierigen Leben bezahlen. Anderseits hat der existentielle Einschlag ihren Büchern eine Dringlichkeit, eine Frische bewahrt, die manch einst gefeierten und mittlerweile zu Klassikern geadelten Werken abgeht.

Im Übrigen scheinen mir die wunderlichen Literaten vorzüglich dazu geeignet, Vielfalt und Facettenreichtum der literarischen Erscheinungen zu bezeugen. Während unter dem unheilvollen Diktat der quasselnden TV-Quartette nicht einmal mehr Lyrik stattfinden darf, ist mir jegliche literarische Gattung – ob den kulturellen Höhen oder Niederungen zugehörig – und jeder merkwürdige Umstand – etwa der abenteuerliche Papierweg eines hard-boiled writers vom Pulp Magazine zu Gallimard – stets willkommen. Gewiss erfüllen nicht alle hier vereinigten Autoren das typologische Suchbild eines Sonderlings, doch ihrer aller condition littéraire weist immerhin höchst sonderbare und schicksalsträchtige Begebenheiten auf. Schließlich sei nicht verschwiegen, dass bei der Berufung auf die Sonderlinge ein Misstrauensvotum gegen etliches literarisches Mittelmaß unserer Tage mitschwingt.

«Literary criticism should arise out of a debt of love», heißt es einmal bei George Steiner. So komme ich denn nicht um das Geständnis herum, dass es sich bei meinen Sonderlingen ausnahmslos um persönliche Favoriten handelt, die neben ihren Eigenheiten auch den jederzeit anfechtbaren Geschmack ihres Liebhabers offenbaren. Dass ich diesem frönen und auf hemmungslos kulinarische Weise meine literarischen Liebesschulden abtragen konnte, ist das Verdienst der Zeitschrift *du* beziehungsweise ihrer Chefredakteure Dieter Bachmann und Marco Meier. Dafür möchte ich ihnen ausdrücklich danken. Vom Februar 1996 bis August 2000 durfte ich ihrer Monatsschrift sämtliche Kolumnen beisteuern, die im Folgenden abgedruckt sind.

Da der Buch- und Kolumnentitel Robert Walser entlehnt ist, möchte ich die vorliegende Textsammlung mit einer Rede beschließen, die ich 1987 anlässlich der Verlegung von Walsers Grabstätte in Herisau über das frühe Gedicht *Beiseit* hielt. «So schön beiseit» hat Robert Walser seine prekäre Randständigkeit, um die ihn keiner beneiden wird, bisweilen empfunden. Eingedenk der ungemütlichen, klirrenden Seiten von Walsers Dasein mag man diese Einschätzung in Zweifel ziehen. Bestimmt ist aber den Lesern seiner Texte solche Befindlichkeit ungetrübt zuteil geworden.

W. M.

Wie er es sah

Peter Altenberg (1859–1919)

Robert Walser hat ihn – laut Carl Seelig – nicht als Dichter, sondern lediglich als «liebes Wiener Würstl» anerkennen mögen. Für Kafka war er – laut Gustav Janouch – «wirklich ein Dichter», überdies «ein Genie der Nichtigkeiten, ein seltsamer Idealist, der die Schönheiten der Welt wie Zigarettenstummel in den Aschenbechern der Kaffeehäuser findet». Der solchermaßen Umstrittene nannte seine schriftlichen Zeugnisse «Extrakte des Lebens» und war doch selber ein Extrakt seiner Zeit: heute sogar als folkloristische Puppe im Wiener Café Central an der Herrengasse zu besichtigen. Peter Altenberg hat so inständig seine Legende gelebt, dass seine engsten Freunde Karl Kraus, Adolf Loos und Egon Friedell kaum mehr zwischen Pose und Naturell, Anekdote und literarischem Wort unterscheiden konnten. Man fertigte ihn leichthin als ‹Original› ab, ohne zu ahnen, dass er es in Reinkultur verkörperte, dieser Eigentümlichste inmitten der scheinhaften Glorie der untergehenden Donaumonarchie.

Peter Altenberg wurde 1859 als erster Sohn eines jüdischen Großkaufmanns unter dem Namen Richard Engländer in Wien geboren. Der kränkelnde Junge wurde standesgemäß verwöhnt. Später bummelte er einige Semester an der Universität durch Jurisprudenz, Botanik und Medizin. Dafür gedieh er prächtig auf dem Land, etwa in Altenberg, das ihm neben der ersten Liebe zu einem 13-jährigen Mädchen mit dem Rufnamen Peter gleich den künftigen Nom de plume bescherte. Ein 1882 diagnostiziertes Nervenleiden kostete ihn zwar die Liebe seiner Mutter, ersparte ihm aber weitere Übungen in bürgerlicher Strebsamkeit. So bezog er in der elterlichen Wohnung ein hinteres Gemach, um die Tage ungestört zu verschlafen, bis er 1886 eine ziellos flottierende, hauptsächlich aus familiären und fremden Zuwendungen bestrittene Selbständigkeit anpeilte. Nach mehreren Wohnungswechseln boten ihm ab 1902 das Stundenhotel London, ab 1913 das Grabenhotel eine Bleibe, die jeweils aus einer karg eingerichteten, mit unzähligen Frauenbildern tapezierten Kammer bestand. Diverse Cafés bewährten sich als Treibhäuser seiner Talente. Hier schärfte er Blick und Zunge, traf am Stammtisch eine geneigte Zuhörerschaft für glühende und polternde Reden und frönte seinem Lebenszweck: der «unerhörten Begeisterung für Gottes Kunstwerk ‹Frauenleib›», die ihn auch zum Schreiben animierte. Doch während er den Leib anschmachtete und jeden des Teufels zieh, dem die ätherischen Formen unzüchtige Gelüste einflößten, trieb er's umso toller mit den Frauenseelen, die ihm deren Besitzerinnen bereitwillig überließen. Daneben hausierte er mit selbst gebastelten Halsketten und ägyptischen Zigaretten, propagierte hygienische Maßnahmen, abstruse Diäten sowie das Abführmittel *Kurella*, dessen täglicher Einsatz fast mehr noch den Geist als den Darm purgiere. Seine Skizzen schrieb er mit Vorliebe frühmorgens im Bett und ruinierte anschließend seine Gesundheit mit Alkohol und Schlafmitteln. Von 1896 bis 1919 erschienen dreizehn Bücher, angefüllt mit den poetischen Bulletins seiner Beobachtungen, Botschaften und Befindlichkeiten, die das einhellige Lob der sonst erbitterten Feinde Karl Kraus und Alfred Kerr fanden. *Mein Lebensabend* betitelte er seine letzte Sammlung; der zerstörte Körper ließ Peter Altenberg weder deren Erscheinen noch seinen 60. Geburtstag erleben.

Was heißt und zu welchem Ende studiert man das Massiv «Altenberg», ein aus lauter Miniaturen aufgeschichtetes Gebilde, das natürlich nicht nur von Gold geädert und reinem Quellwasser besprudelt wird? Der Urheber hat den Befund noch derber formuliert: «Es sind manche hübsche Sächelchen in meinen Büchern, nur muß man sie aus dem Miste herauszuklauben verstehen.» Oder, um in einen anderen metaphorischen Bereich zu wechseln: gelegentlich erweisen sich die «Extrakte» als zuckrige Bonmots oder Bonbons und wollen sich partout nicht in die erwünschte Kraftbrühe auflösen. Indessen gehört das Naschwerk mit zu dieser Persönlichkeit, die ihre gesammelten Weisheiten und Narreteien rückhaltlos offenbart. Altenbergs Wesen erhellt prägnant aus den von ihm gewählten Buchtiteln. *Wie ich es sehe* (1896) legt die Betonung – nach der ausdrücklichen Beteuerung des Autors – auf das Verb, wobei der hier tätige Impressionist neben dem Geschauten auch dem Erlauschten gebührende Aufmerksamkeit widmet. Die mitgeteilten Wahrnehmungen enthalten ohnehin eine spezifische Weltsicht, der eine beschwörend-fuchtelnde Unmenge von Interpunktionszeichen Nachdruck verleiht. Hat ihm die ärztlich bescheinigte Neurasthenie den Müßiggang ermöglicht, nahm er diesen Freipass als literarischen Auftrag ungemein ernst. Beides, die hochgradige Empfindlichkeit und die Muße, haben ihn dazu befähigt, den poesieträchtigen Augenblick zu erhaschen, das, *Was der Tag mir zuträgt* (1901). Solches Können hatten seine Angehörigen und Freunde zu honorieren, und er war erbost, wenn die Zahlungen nicht pünktlich eintrafen. Sein hohes Sendungsbewusstsein rieb sich keineswegs an der Überzeugung: «Ich war nichts, ich bin nichts, ich werde nichts sein.» Wahres Dichtertum hieß für ihn dasjenige eines *Prodromos* (1906), eines Vorläufers, der die im Erwerbsleben verstrickten Mitmenschen auf flüchtige Schönheiten hinweist, im Übrigen «das im voraus allein zu sein, was später alle, alle werden müssen». Um Schönfärberei war es ihm nie zu tun, obwohl einzelne *Märchen des Lebens* (1908) weltfremde Züge tragen. So «frappiert» ihn einmal, wie sich Arbeiter unbekümmert um tiefere Daseinsgründe an Telegraphenstangen zu schaffen machen, als wär's «das Wichtigste von der Welt». Er selber hat sein Handwerk stets im selben Sinn und Umfang ausgeübt, hat fortwährend *Neues Altes* (1911) produziert, ließ auf eine *Fechsung* (1915) eine *Nachfechsung* (1916) folgen und blieb bis zuletzt der *Vita ipsa* (1918) verpflichtet.

Schon gar nicht hätte Altenberg je auf seine keuschen Orgien in Sachen Frauenanbetung verzichtet. Eine himmlische Heerschar von Prostituierten, Dienerinnen, Bürgersgattinnen, Adligen und insbesondere jungfräulichen Mädchen paradiert vor dem verdutzten Leser. Ihre Anmut wird von seiner «fanatischen Zärtlichkeit» ausgiebig gewürdigt, aber kein lüsterner Greis delektiert sich an verbotenen Reizen, sondern da stammelt ein puer aeternus, der sich anders nicht zu helfen weiß. Das kindliche Staunen ist sein bestes Teil, und man stimmt ihm gerne zu, da er eines Nachts einem Wachmann, der den schreiend gestikulierenden Altenberg mit dem Tadel «Sie machen zu viel Aufsehen!» zur Rede stellte, empört beschied: «Zu wenig, zu wenig!»

Eine repräsentative, von Karl Kraus zusammengestellte Altenberg-Auswahl ist als Insel Taschenbuch, Frankfurt am Main 1997, erschienen.

Der Grandseigneur unter dem Strich

Victor Auburtin (1870–1928)

Ohne Zeitung kein Feuilleton! Die Allianz mit dem Journalismus ist der «Kleinen Form», wie Alfred Polgar die von ihm gepflegte Gattung unter tunlicher Umgehung ihrer Herkunft nannte, zumeist übel ausgelegt worden. Dabei hat dieses Umfeld den Texten und ihren Urhebern auch zum Guten gereicht. Nicht nur haben Letztere in der Blütezeit des Feuilletons ein bequemes Auskommen gefunden. Der rasche Verzehr der Zeitungen hat auch den Blick der Autoren auf flüchtige, leicht übersehene Phänomene des Alltags gelenkt. Mochte sich oberhalb des Strichs die Seriosität von Politik und Wirtschaft blähen, war unterhalb desselben – gemäß dem schönen Buchtitel von Peter Altenberg – erwünscht, «was der Tag mir zuträgt», nämlich Impressionen, Gedanken, Erwägungen, die dem Leser ein paar Minuten der Erheiterung boten. Bedeutsamkeit wurde mit Bedacht vermieden, was nicht hindert, dass diese scheinbar anspruchslosen Texte oft mehr Tiefsinn und vor allem eine feiner gearbeitete Prosa offenbaren als manch ausladendes Gebilde der ‹hohen› Literatur.

Welche Qualitäten befähigen zum guten Feuilletonisten? Im Fall des Berliners Victor Auburtin könnte man meinen: die geeignete Ahnenreihe. Zwar hat den Antimilitaristen Auburtin wenig gefreut, dass er 1870 zur Feier des jüngsten preußischen Sieges über die Franzosen Victor getauft wurde. Umso lieber berief er sich auf den aus Frankreich emigrierten-

Großvater, der am Hof Friedrich Wilhelms IV. zum Küchenmeister avancierte. Sind Auburtins Skizzen ohnehin kulinarisch zubereitet, enthalten sie unzählige Huldigungen an die «Seligkeiten» des Essens und Trinkens. Die Mutter hat seine Liebe zur Kunst und Literatur, mithin zum Esprit im geselligen Kreis entscheidend gefördert. Schließlich ist er exakt in die beruflichen Fußstapfen seines Vaters getreten. Nach einem Studium der Germanistik und Kunstwissenschaft versuchte er es vorerst mit der Schauspielerei, um zuletzt auf Lebenszeit beim Journalismus zu landen, den er freilich nach höchst eigenem Gusto betrieb. Als Nacht-Redakteur des *Berliner Tageblatts* sorgte er für einen Eklat, da er die Entdeckung des Südpols unter der Rubrik «Letzte vermischte Nachrichten» einrückte, mit der Begründung, es handle sich bei dieser Unternehmung lediglich um das Pünktchen auf einem längst bekannten i. Daraufhin schickte das Blatt den soignierten Bohemien als Korrespondenten nach Paris (1912–14) und Madrid (1924–27), wo er wiederum eher die Ergebnisse seines Flanierens als politische Haupt- und Staatsaktionen festhielt. Allerdings wurde es bei Kriegsausbruch für ihn ernst. Da Auburtin seine Heimreise nach Deutschland etwas spät antrat, wurde er in Besançon verhaftet und für drei Jahre unter dem Verdacht der Spionage nach Korsika spediert. 1928 starb er an den Spätfolgen eines Nierenleidens, das er sich während jener Haft zugezogen hatte. Einige Wochen zuvor war dem Katzennarr immerhin vergönnt, im römischen Kolosseum unter seinen geliebten Tieren den gesunden Menschenverstand einzubüßen.

In der gemächlichen Bewegung und im Innehalten gewinnt Auburtins Kurzprosa ihr Wesen, das sie in der Form von Plaudereien nach außen kehrt. Ihre condition littéraire ist die Muße, die nicht nur zum sorgsamen Beobachten und Schreiben einlädt, sondern auch als moralische Instanz dient. Auburtin verabscheute die Geschwindigkeit, wo immer er sie antraf: im Verkehr, in der Arbeitswelt, bei dem in der Schweiz eingeführten Brauch, die Leichenzüge durch automobilistischen Transport zu ersetzen, oder bei der künstlich gesteigerten Produktivität von Legehennen. Auf neuzeitliche Errungenschaften der Zivilisation war er grundsätzlich schlecht zu sprechen, und somit auch auf das Land, das jene vorantrieb, Amerika. Wohl schreckte der dialektisch versierte Weintrinker nicht vor der Möglichkeit zurück, sich bisweilen in alkoholischer Abstinenz zu üben, da nachher ein Glas Bordeaux umso besser mundete, aber der Zumutung eines Kaugummis erwehrte er sich mit schauderndem Witz. Und wenn ihm die Jetztzeit allzu stachelige und übel riechende Blüten trieb, hielt er sich an die Relikte der Vergangenheit oder flanierte durch die Geschichte. Auf diesen Streifzügen bewahrte ihn wiederum der scharfe Blick des Müßiggängers, der neben der klassischen Säule auch den an sie gelehnten Bettler entdeckt, davor, die Vergangenheit zu idealisieren. Über manchen seiner geschichtlichen Anekdoten könnte als Motto Walter Benjamins Satz stehen: «Es ist niemals ein Dokument der Kultur, ohne zugleich ein solches der Barbarei zu sein.» So beschreibt er ähnlich lakonisch, wie die Geschichte mit ihren Opfern umspringt, einen Folterknecht des Dreißigjährigen Krieges: «Das war Pascal, früher Page der Herzogin von Clève, der aus dem Dienst in das wilde Zeitalter fortgelaufen war, weil ihm das Töten mehr Spaß machte als das Parfümspritzen.» In solchen Miniaturen ist es Auburtin vornehmlich um die ‹Kehrseite der Medaille› zu tun, nämlich um das, was die offizielle Überlieferung unterschlägt. Daher beginnt seine prächtige Geschichte vom *Ende des Odysseus* dort, wo das homerische Epos abbricht: nach der siegreichen Heimkehr des Helden. Sein Odysseus bemüht sich vergeblich, die zwanzigjährige Hypothek seiner Irrfahrten zu Hause abzutragen. Er findet einfach keine Zuhörer, und indem er sich am heimatlichen Strand nach der früheren Heimatlosigkeit sehnt, «flüsterten, nur für ihn selbst, seine Lippen unaufhörlich den unsterblichen Bericht».

Wenn sogar die kleinen Freuden des Lebens – die Gastronomie, die Lektüre eines guten Buches – keinen Trost mehr gewähren, beschwört Auburtin mit Vorliebe die Natur, etwa das Wachstum einer Rose oder die unschuldigen Regungen eines Tieres, Vorgänge, die an eine von Menschen unbeeinträchtigte Schöpfung erinnern. Von einer Wiederkunft paradiesischer Zustände scheint er sich indessen wenig versprochen zu haben:

«Als Dante vor der Hölle ankam, da waren seine Augen scharf und böse wie des Sperbers und blickten in alle Ecken und Winkel. Und da sah er die Inschrift, die über dem Tore stand und die lautete: Lasciate ogni speranza voi ch'entrat.

Als Dante am Paradiese ankam, führte er Beatricen leise an der Hand. Da sah er nichts als das Licht ihrer Augen und das Schreiten ihrer florentinischen Füße über die Perlmuttergefilde der Seligkeit. Und deshalb bemerkte er es nicht, daß auch über der Paradiesestür eine Inschrift stand, die da lautete: Lasciate ogni speranza voi ch'entrate.»

Seit 1994 publiziert der Berliner Verlag Das Arsenal eine von Peter Moses-Krause edierte Werkausgabe von Auburtins kleiner Prosa.

Des Menschenherzens heimliche Falten

Steen Steensen Blicher (1782–1848). Zeitgenössische Lithographie.

Durch die dänische Literatur geistert eine Chronique scandaleuse aus dem 17. Jahrhundert: Die jütische Landadelige Marie Grubbe wird einem Sohn des Königs Frederiks III. angetraut und betrügt ihn alsbald mit ihrem Schwager. Weitere Liebschaften folgen, bis sie zuletzt auf der Insel Falster an der Seite eines Fährmanns ein zwiespältiges Glück findet. Der Komödiendichter Ludvig Holberg lernte die resolut verwilderte Marie während seiner Studienzeit kennen und hielt die Begegnung später in einer Epistel fest. Hans Christian Andersen ließ ihrem Schicksal seinen Märchenton und das Schreien von Krähen und Dohlen angedeihen. In Jens Peter Jacobsens Roman *Frau Marie Grubbe* erlebt die Titelheldin, eingebettet in Zeitkolorit und verbalem Prunk, das Abenteuer weiblicher Emanzipation. Die eigenwilligste, mithin schönste Version hat aber der 42jährige Pastor Steen Steensen Blicher vorgelegt, obwohl es ihm bei den *Bruchstücken aus dem Tagebuch eines Dorfküsters* (1824) zunächst darum ging, seiner finanziellen Misere abzuhelfen. Indessen deutet die flackernde Emotionalität der *Bruchstücke* darauf hin, dass ihn der Stoff tiefer ergriffen hatte, als ihm selber bei der Niederschrift bewusst sein mochte.

Dem 1782 in der jütischen Heide geborenen Pfarrerssohn war das geistliche Amt seit jeher zugedacht, aber erst 1819 endlich beschieden. Nach dem Theologiestudium in Kopenhagen brachte sich Blicher notgedrungen als Hauslehrer durch und kultivierte seine literarischen und volkserzieherischen Neigungen. Dabei verfügte er über eine erstaunliche Belesenheit in mehreren Sprachen. Er übersetzte Macphersons genialisch erschwindelten *Ossian*, der ihm die heimatliche Landschaft neu erschloss und zu eigenen lyrischen Versuchen anregte. Da es um sein Hauswesen zeitlebens schlecht bestellt war, trat er umso beherzter für den Wohlstand seines Landes ein. Sein Engagement galt etwa der Land- und Forstwirtschaft, der Pockenimpfung sowie der gesellschaftlichen Gleichstellung der Juden. Insgesamt schwebte dem von aufklärerischem Gedankengut und dänischer Folklore berauschten Blicher nichts Geringeres vor als eine Wiedererweckung der Nation. Zu diesem Behuf veranstaltete er von 1839 bis 1844 Volksfeste, die allerdings nicht die gewünschte Wirkung zeitigten. Daneben wollte auch das literarische Feld bestellt sein. In den zwanziger Jahren gründete Blicher die Zeitschrift *Nordlicht*, in der er 25 seiner sowohl gegenwartsbezogenen als auch historischen Novellen publizierte. Der erfolgserpichte Autor, der mittlerweile eine stattliche Familie zu ernähren hatte, scheute manchmal vor trivialen Einlagen nicht zurück, doch die besten Texte werden seinem Anspruch, «des Menschenherzens heimliche Falten» nachzuzeichnen, durchaus gerecht. Während Blicher unverdrossen und in großem Stil seine reformistischen Pläne schmiedete, nahmen seine Geschichten stets ein finsteres Ende. Aber auch die hektische Betriebsamkeit forderte ihren Preis. 1845 erlitt er einen Nervenzusammenbruch, und drei Jahre später, kaum hatte er seine Pfarre in Spentrup abgetreten, starb er. Blichers gesammelte Schriften umfassen 33 Bände, darunter einige Novellen, die seine Landsfrau Karen Blixen als «Meisterwerke ersten Ranges» pries.

Was immer Blicher sich von seinem Prosadebüt erhofft hat, die *Bruchstücke* sind ein ganz und gar kompromissloses Gebilde. Schon der spröde Titel lässt etwas von jenem Kahlschlag ahnen, der hier gegen die Sensationsträchtigkeit der Ereignisse geführt wird. Dezenter, verhaltener kann man die anstößigen Fakten schwerlich aufbereiten, ohne dass das Skandalon im mindesten entschärft würde. Allerdings bildet Blicher den Stoff fast zur Unkenntlichkeit um. Der ‹Fall› Sophie alias Marie Grubbe schlägt sich als Episode in einem Tagebuch nieder, und doch eignet ihm eine bis in die fragmentarische Form wahrnehmbare, der Idee eines erfüllten Lebens spottende Virulenz. Erzählt wird die traurige Geschichte von Morten Vinge, den die Umstände daran hindern, Pfarrer zu werden, der als Diener und Soldat die Fatalitäten von Pest, Krieg und sibirischer Gefangenschaft übersteht, um dann, wie sein Vater, als Küster zu enden. Der Tod säumt allgegenwärtig Mortens Weg. Mit seinen Aufzeichnungen hat er nichts anderes im Sinn, als die Hinfälligkeit menschlicher Aspirationen zu beweisen. Eine hoffnungslose Leidenschaft hat ihn früh zur Strecke gebracht. Dennoch behält diese «stumme, innige, brennende» Liebe bis zuletzt ihren Glanz, sie ist es, die seine Tagebuch-Eintragungen animiert und durchstrahlt.

In jungen Jahren muss sich Morten als Diener auf dem Rittergut Thiele verdingen, wo der scheue Lateinzögling eine Lebenspraxis antrifft, die ihn ebenso befremdet wie die dort vornehmlich gepflegte «Näselsprache» Französisch. Indessen kommt er rasch mit den Verhältnissen zurecht. Nach anfänglicher Ungeschicklichkeit bewährt er sich auf der Jagd, und da auch Sophie, die hübsche Tochter des Hauses, Französisch spricht, mundet ihm sogar dieses «verderbte Latein». Im gleichen Maß wie die Jagdlust und die Gefühle für Sophie wachsen seine Französischkenntnisse, die allmählich das Tagebuch infiltrieren und die lateinischen Brocken verdrängen. Vorsichtshalber schlägt er aber in der *Liebeskunst* von

Ovid nach, um zu erfahren, was ihn umtreibt, und anschließend konsultiert er dessen *remedia amoris*, um seine seltsame Krankheit zu heilen. Natürlich brodelt es in ihm weiterhin unkeusch. Pflichtgemäß erscheint nun der königliche Bewerber, doch dieser ist «gewiß ein großer Libertiner», die schöne Sophie wird von Blattern entstellt und beide lassen wieder voneinander. Eines Nachts huscht die verstohlen Angehimmelte in Mortens Schlafkammer und macht den armen Jungen selig. Sie hat sich aber lediglich im Bett geirrt. Die «doucen Augenblicke» waren einem Nebenbuhler, seinem Jugendgefährten Jens, zugedacht, mit dem sie alsbald das Weite sucht. Nach über dreißig Jahren trifft Morten das streunende Paar wieder: den zum düsteren Säufer heruntergekommenen Jens und die an Leib und Seele zerstörte Sophie. Aus dem «heiligen Engel» ist ein «gefallener Engel» geworden, aber zumindest dieses, wenn auch depravierte, engelhafte Wesen hat sie für Morten bewahrt. Dient ihm ihr Elend zum Exempel, dass sich sündhaftes Tun nimmer lohne, zergehen alle seine erbaulichen Gedanken und Nichtigkeitsanwandlungen vor der Erinnerung an jene winterliche Mondnacht – die unvergessliche Stelle des Buches, da er, hinter Sophie stehend, ihren Schlitten kutschieren durfte, ihrer beiden Schatten sich im Schnee vereinigten und der Wind «ihren süßen Atem» in seine Nüstern blies.

Die Bruchstücke aus dem Tagebuch eines Dorfküsters *sind 1993 in der Friedenauer Presse, Berlin, erschienen.*

Der artikulierte Schweiger

Emmanuel Bove (1898–1945)

Die Grande nation pflegt auch in der Bücherwelt die großen Linien und hohen Gipfel. Neben dem Massiv Proust kann ein Emmanuel Bove schlecht bestehen. Schon 1926 wurde er in einem Artikel des *Mercure de France* ein «Proust für Arme» genannt, und bis heute entschlüpft er den gröblichen Fangnetzen der Literaturhistoriker. Dabei weist Bove zwei modischen Bewegungen voraus, die sich – allerdings ohne Berufung auf diesen heimlichen Stammvater – heftig bekämpften: dem Existentialismus und dem Nouveau Roman. Seine Liebhaber wussten freilich immer, was sie an ihm und seinem vertrackttraurigen, heil- und haltlosen Universum hatten. Angesichts dieser «bovianischen» Einzigartigkeit erscheint die Frage müßig, ob er ein erst- oder zweitrangiger Autor sei. Peter Handke, der drei seiner Bücher ins Deutsche übersetzt hat, begründet Boves Anspruch auf Größe mit dem Paradoxon der Bescheidenheit: «Er überläßt anderen den Platz.»

Unter dem Namen Emmanuel Bobovnikoff wuchs er als Sohn eines Juden aus Kiew und einer Luxemburger Haushaltsgehilfin in zerrütteten Verhältnissen auf. Der arbeitsscheue, donjuanesk begabte Vater spielte mit Vorliebe den Lebenskünstler, der periodisch durch Abwesenheit glänzte. Ein Jahr nach Emmanuels Geburt lernte er eine begüterte Engländerin kennen, die seine spezielle Gunst errang, zumal sie in der Lage war, die kostspieligen Folgen seines Daseins, darunter zwei weitere Kinder, zu finanzieren. Emmanuel wurde zwischen mehreren Ammen, der leiblichen Mutter und der Pflegemutter hin und her geschoben, dann von einer Privatschule zur andern gereicht, schließlich vom Lycée Calvin in Genf zu zwei Colleges auf der Insel Wight und in Southend-on-Sea, wo 1915 seine Schülerrutschbahn endete. Nicht ohne schriftstellerische Absichten betrieb er als Kellner, Hilfsarbeiter und Taxifahrer in Paris und Marseille Milieustudien, wurde aber 1918 zu einem dreijährigen Militärdienst einberufen. 1921 heiratete er die Lehrerin Suzanne Valois und zog mit ihr aus währungspolitischen Gründen in die Nähe Wiens, wo er neben anspruchsvollen Texten eine Reihe Schundromane verfasste. Offenbar konnte Bove solche Zweigleisigkeit nicht gefährden, denn ab 1923 füllte er als Pariser Journalist die anrüchigen Spalten der faits divers, während er kompromisslos das literarische Metier ausübte. Seine frühe Bewunderin Colette hob 1924 den Romanerstling *Mes amis* aus der Taufe und erhielt während eines Diners eine Probe von Boves legendärer Schweigsamkeit, da den Lippen ihres Schützlings nicht viel mehr als einige «Merci» zu entlocken waren. Das Buch über einen skurrilen Kriegsinvaliden, der sich täglich auf die Socken macht, um irgendwo einen Freund zu gewinnen, wurde ein stattlicher Erfolg. Auch die weiteren Romane und Erzählungen, die Bove in rascher Produktion vorlegte, festigten seinen Ruf, und als ihm 1928 eine fachkundige Jury den Prix Figuière zusprach, wurde diese Entscheidung kaum bemäkelt. Dafür hatte man etliche Mühe, den Preisträger aufzuspüren, und stellte fest, wie diskret bislang seine Person hinter dem Werk zurückgetreten war. Seit 1925 von Suzanne getrennt, heiratete er 1930 die exzentrische Bankierstochter, Künstlerin und militante Kommunistin Louise Ottensooser, die fortan sein unauffälliges Leben teilte.

Zur Zeit des Vichy-Regimes setzte sich Bove couragiert

für die Sache de Gaulles und der Résistance ein. 1942–1944 fand das Ehepaar in Algier Zuflucht, wo Bove einer tödlichen Malaria-Krankheit drei Romane abtrotzte. Dennoch verkroch er sich nicht in seine Texte, sondern bewies auch hier Sanftmut, Besonnenheit und Hilfsbereitschaft. In der Euphorie des befreiten Frankreich traf der körperlich und seelisch ausgezehrte Skeptiker auf kein ihm gemäßes Klima. Noch erlebte er die beinahe unbeachtete Publikation seiner düsteren Zeitromane *Le Piège* und *Départ dans la nuit*. Am Vortag des Quatorze Juillet 1945 wurde Emmanuel Bove in der Pariser Wohnung seines Halbbruders von seinen Leiden erlöst.

Samuel Beckett schätzte an Bove dessen «sens du détail touchant». Dieser Sinn für die ebenso präzis erfasste wie anrührende Einzelheit feiert in *Armand* (1926), Boves zweitem Roman, eine wahre Orgie der Behutsamkeit. Das Buch besteht fast nur aus Einzelheiten: pointillistischen Tupfern, die, aufs Ganze besehen, wohl eine Welt ergeben, doch eine solche Vogelschau ist den Romanfiguren zumeist versagt. Boves Helden sind ihren Wahrnehmungen mit Haut und Haar ausgeliefert. Der jeweilige Moment, der sie gefangen nimmt, bietet keinerlei Gewähr für den nächsten. Mit jedem Satz droht ihnen ein neuer Fallstrick. Sie sind stets aufs Schlimmste gefasst, aber da nicht einmal diesem zu trauen ist, winkt bisweilen sogar das Heil. So sucht Armand einmal seinen erzürnten Freund Lucien zu beschwichtigen und erforscht gebannt dessen Augen und Nasenlöcher nach einer gnädigen Regung. «Wofür würde er sich entscheiden? Seine Hände öffneten sich. Er hob die Augen. Ich war gerettet.» Die Zuversicht hält nicht lange vor und wird früh genug von den Ereignissen berichtigt.

Was kann sich überhaupt im herkömmlichen Sinn ereignen, wenn der Teufel bereits in der Nuance steckt? Armand, ein Mann um die dreißig, dem die angestammte Ärmlichkeit noch in den Gliedern sitzt, wohnt bei der zehn Jahre älteren Jeanne, die ihn materieller Sorgen enthebt. Da begegnet er auf der Straße Lucien, seinem Freund aus dürftiger Zeit, dem leider die Armut treu geblieben ist. Die abgestreifte Vergangenheit, die wiedererweckte Zuneigung, das soziale Gefälle – all dies übt einen mächtigen Reiz aus, dem Armand erliegt. Man besucht sich gegenseitig, ohne dass es gelingt, unbefangen miteinander zu verkehren. Eines Tages taucht Luciens Schwester Marguerite auf, auch sie eine Verschupfte. In einer ihm selber nicht geheuren Anwandlung küsst Armand das mitleiderregende Mädchen, und dieser Ausrutscher wird seiner Freundin hinterbracht. Jeanne weist Armand die Tür und verstößt ihn in das ihm nur zu geläufige Elend.

Indessen ficht Armand weniger die äußere Not als die innere seiner virulenten Knabenhaftigkeit an. Gleich zu Beginn stellt er klaglos fest: «Meine Aufmerksamkeit war wie jene der Kinder.» Er erfährt den Alltag als wundersames Gewirk, und da ihm fortwährend der Boden unter den Füßen entgleitet, wendet er sich den unscheinbaren Sensationen des Körpers zu: den Fingerspitzen, den Ohrmuscheln, dem Knacken des großen Zehs, den Äderchen auf den Backenknochen, dem Vollzug des Atmens. Diese winzigen Begebenheiten erschüttern erst recht sein Gleichgewicht und schlagen sich als Katastrophen in seinem Bewusstsein nieder. Zuletzt ist Armand, der durch das abschüssige Gelände seiner Kindheit flaniert, doch noch ein unverzerrter, tröstlicher An- und Ausblick erlaubt: «Kinder spielten da Ball, die kleineren weiter oben, die größeren weiter unten, damit beide die gleichen Chancen hätten.»

Der von Peter Handke übersetzte Roman Armand *ist in der Bibliothek Suhrkamp, Frankfurt am Main 1982, erschienen.*

Verzettelte Hinterlassenschaft eines Bastards

Sébastien Nicolas Chamfort (1740–1794). Anonymes Porträt.

Aus der ihm zugedachten Schublade «französischer Moralisten» flattert gelegentlich einer seiner Sprüche auf ein Kalenderblatt. Gebildete Franzosen zitieren etwa post coitum oder nach einer Liebesenttäuschung seine nüchterne Einschätzung des Phänomens: «ein Austausch zweier Launen und die Berührung zweier Körper». Damit würde es heutzutage bei diesem singulären Mann des Ancien Régime, Sébastien Nicolas Chamfort, schon beinahe sein Bewenden haben, gäbe es da nicht eine erlauchte Rezeptionslinie, die bis in unsere Zeit reicht. Stendhal hatte Chamforts *Maximen und Gedanken* stets zur Hand. Schopenhauer beutete diese für seine grimmigen Zwecke weidlich aus. Nietzsche propagierte den «witzigsten aller Moralisten» in seinem Freundeskreis. Cioran erwies ihm in einigen «accès de gratitude» seine Reverenz, und Samuel Beckett übertrug Mitte der siebziger Jahre «long after Chamfort», aber höchst aktuell acht seiner trübseligsten Maximen ins Englische, als wär's ein Stück von ihm. Hier findet eine Fan-Gemeinde zusammen, deren Mitglieder oft harsch mit dem menschlichen Dasein ins Gericht gegangen sind, doch schon ihr bewunderter Ahnherr hatte seinen Kritikern beschieden, was man gemeinhin Misanthropie nenne, sei «im Gegenteil eine nur allzu feurige Liebe zur Menschheit».

Chamfort wurde 1740 als unehelicher Sohn eines Geistlichen und einer Adeligen in Clermont-Ferrand geboren und von einem Lebensmittelhändler erzogen. Blieb er seinen Pflegeeltern herzlich verbunden, hütete er sich streng, das Inkognito seiner wahren Herkunft zu lüften. An dessen Stelle setzte er früh das gebieterisch klingende «Chamfort», doch dass er zunächst auch mit dem Adelspartikel «de» operierte, ist für ihn weniger bezeichnend als der Umstand, dass er ihn bald wieder preisgab. Jedenfalls hat er sich vorzüglich darauf verstanden, das Anrüchige seiner Abstammung in den Vorteil eines selbst gewählten und periodisch neu bedachten Lebensentwurfs umzumünzen. Aus dem Pariser Collège des Grassins ging er 1758 als bester Schüler von ganz Frankreich und frisch eingekleideter Abbé hervor. Das klerikale Gewand legte er indessen rasch ab, um sich fortan literarischen Tätigkeiten zu widmen. Mit beachtlicher Regelmäßigkeit gewann er mehrere literarische Wettbewerbe, die ihm 1781 die Mitgliedschaft der Académie française eintrugen. Ein erstes Theaterstück, *La jeune Indienne* (1764), erhielt die Zustimmung der Literaturpäpste Voltaire und Rousseau. Zwölf Jahre später entlockte die neoklassizistische Tragödie *Mustapha et Zéangir* Louis XVI Tränen und eine königliche Pension. Ungeachtet solcher Erfolge und der Protektion einflussreicher Persönlichkeiten blieben Chamfort subalterne Brotarbeiten nicht erspart. Ab 1780 verzichtete er zunehmend auf die von ihm geschmähte literarische Öffentlichkeit, um künftig auf kleinen Zettelchen ein Kunterbunt aus Reflexionen und Anekdoten zu kritzeln, die er nicht etwa zwischen Buchdeckeln, sondern lediglich in einer Pappschachtel deponierte. In der Abgeschiedenheit radikalisierte sich sein politisches Denken. «Il faut recommencer la société humaine», lautete numehr seine Devise, und mit seinem engsten Freund, dem «plebejischen Grafen» Mirabeau, der ihn zu seinem intellektuellen Gewissen erkoren hatte, pflegte er einen subversiven Gedankenaustausch. So observierte er denn am 14. Juli 1789 beifällig die Erstürmung der Bastille, trat dem Club des Jacobins bei und wurde 1791 zum Leiter der Bibliothèque nationale ernannt. Redlichen Trotz und eine unabhängige Gesinnung hielt Chamfort auch in diesen gefährlichen Zeiten aufrecht, und er verhehlte nicht seine Missbilligung der Massenhinrichtungen. 1793 wurde er von einem Untergebenen denunziert, ins Gefängnis geworfen, unter Aufsicht entlassen und dann aufs Neue inhaftiert. Chamfort, der einst den Tod als einziges Heilmittel gegen die Krankheit des Lebens gepriesen hatte, starb 1794 an den Folgen eines Selbstmordversuchs.

Chamforts Aufzeichnungen sind – durch Diebstahl um mehr als die Hälfte ihres ursprünglichen Umfangs beraubt – als Torso auf die Nachwelt gekommen. Von ihren Intentionen weiß man nicht viel mehr als den vorgesehenen Titel, *Erzeugnisse der perfektionierten Zivilisation*, der den subjektiven Anteil des Autors unterschlägt. Dabei kennzeichnet diese Texte vielleicht am trefflichsten Conrad Ferdinand Meyers Motto: «Ich bin kein ausgeklügelt Buch, / ich bin ein Mensch mit seinem Widerspruch.» Zumal die Maximen verstehen sich nicht als Produkte eines abgehobenen Denkens, sondern sind stets aus den Erfahrungen ihres Urhebers geschöpft und bleiben an dessen Person gebunden. Chamfort selber hat in einem längeren Passus die Widersprüche seiner Lebenspraxis aufgelistet und ihnen in der Anlage seines Werks Tribut gezollt. Zeigen die *Charaktere und Anekdoten* den gewandten Gesellschaftsgänger, der die Salons begierig aushorchte und seinerseits mit Histörchen und Bonmots bediente, deuten die *Maximen und Gedanken* auf den zurückgezogenen Grübler, der jene Vergnügungen als «elendes Theater», als «schlechte, uninteressante Oper» durchschaute. Schließlich wollte er unter den Moralisten weder zu den Latrinenbeschauern noch zu den Schwärmern gezählt werden. Für laue Kompromisse war er freilich nicht zu haben, doch wenn es schon kein Entrinnen aus dem Ungereimten und Widersprüchlichen gab, übte er sich umso eifriger im Widersprechen. In der Fähigkeit, nein zu sagen, offenbart sich nämlich jene menschliche Eigenschaft, der Chamfort seine glühendsten Sätze widmete: der Charakter. «Wer keinen Charakter hat, ist kein Mensch, sondern eine Sache», heißt es einmal mit wünschenswerter Bündigkeit. Diese in seinem Sinn eher ungebärdige Instanz hielt er für das Maß aller Dinge. Sie schützt vor Illusionen, lässt sich vom böswilligen Treiben der Mitmenschen nicht weiter anfechten und empfiehlt im Bedarfsfall das Aufsuchen eines privaten Refugiums. Zur Beförderung der Karriere oder einer gesellschaftlichen Stellung taugt sie allerdings kaum, aber diese Aspirationen standen bei Chamfort ohnehin tief im Kurs: «Die Natur hat mir nicht gesagt: Sei nicht arm! Noch weniger: Sei reich! Aber sie ruft mir zu: Sei unabhängig!» Mochte er schon das Individuum nicht unbefragt gutheißen, empfand er jede «Körperschaft» von Menschen als Greuel. So wenig wie Valérys Monsieur Teste erachtete er die Dummheit für seine Stärke, doch wies er auch die Vernunft in die Schranken, indem er befand: «Durch die Leidenschaften lebt der Mensch, durch die Vernunft existiert er bloß.» Was aber bleibet? Die Liebe, gewiss, doch nach ihrer kurzlebigen «Flamme» droht der «Rauch» der Ehe. Die «zarte und wahre Freundschaft», die selten gelingt. Der Geschmack an den solitären Freuden der Retraite. Und endlich die stoische Tugend der Heiterkeit: «Beim Anblick dessen, was auf der Welt vorkommt, müßte der größte Menschenfeind zuletzt heiter werden und Heraklit vor Lachen sterben.» Was Chamfort und uns die Maxime nahe legt: «Der verlorenste Tag ist der, an dem man nicht gelacht hat.»

Sämtliche Maximen und Gedanken – Charaktere und Anekdoten sind enthalten im Diogenes Taschenbuch Französische Moralisten, Zürich 1995.

Lena Christ (1881–1920)

Es schreibt

Geschichten, die das Leben schrieb – dick und dumm taugen sie für ein kurzes Bestsellerglück, um alsbald im duldsamen Orkus der Brockenhäuser zu verschwinden. Damit hat die bayrische Autorin Lena Christ nichts zu schaffen. Dennoch teilt ihr erstes Buch *Erinnerungen einer Überflüssigen* (1912) manche Eigenheiten dieser Gattung. Was hatte sie anderes im Sinn als schlicht von ihrem verpfuschten Leben zu berichten und nebenher ein paar volkskundliche Details aufzuspießen? Schon die Zeitgenossen haben Letztere so emsig wahrgenommen, dass Lena Christ seither der Folklore zugeschlagen wird. Die Tafel an ihrem Geburtshaus erinnert an eine «Heimatschriftstellerin», dabei war ihr gerade Heimat versagt und dieser Mangel der Beweggrund ihres Schreibens. «Nicht *sie* schreibt – *es* schreibt», hat Josef Hofmiller ihrer Prosa nachgerühmt. *Es?* – gewiss, auch das Leben, das sie in ihren Texten sinnlich prall darstellt, mehr noch aber eine mediale Begabung, die sie zu dieser Leistung erst befähigte.

Indessen kam der Anstoß zur literarischen Tätigkeit von außen. Nach einer ebenso freudlos geschlossenen wie beendeten achtjährigen Ehe mit einem Buchhalter fristete Lena Christ als Schreibgehilfin in München einen kargen Lebensunterhalt. In dieser Funktion lernte sie Peter Jerusalem, einen Hansdampf in allen künstlerischen Gassen, kennen, dem sie gelegentlich aus ihrem Leben erzählte. Jerusalem war von der prägnanten Anschaulichkeit ihrer Schilderungen begeistert und schlug ihr vor, diese zu Papier zu bringen. Die Lektüre Kellers und Gotthelfs sollte die Novizin in die Geheimnisse des Metiers einführen, während sich Jerusalem als Berater, Diktatempfänger, Lektor und Manager anbot. So ging man gemeinsam ans Werk, wobei Lena den überwiegenden Teil der *Erinnerungen* auf einer öffentlichen Bank vor der Neuen Pinakothek allein verfasste. Einen weiteren Hebammendienst leistete Ludwig Thoma, der das fertige Manuskript dem Albert Langen Verlag mit einem vielsagenden «Schaugts as euch amal an!» empfahl. Im August 1912 besiegelte das Dream Team, das sich freilich bisweilen in die Haare geriet, den glücklichen Ausgang des Unternehmens durch die Ehe.

Somit war die Schriftstellerin geboren und schrieb in den folgenden sechs Jahren mäßig gelungene Kurzgeschichten und drei bedeutender geratene Romane: *Mathias Bichler* (1914), *Die Rumplhanni* (1916) und *Madame Bäuerin* (1919), die den Titelfiguren Lenas eigenen Schicksalsweg von der ländlichen Provinz nach München oder in umgekehrter Richtung aufbürden. Zum Kriegsbeginn legte sie eine Folge patriotischer Stimmungsbilder vor, *Unsere Bayern anno 14/15*, die ihr Popularität sowie eine Audienz beim bayrischen König eintrugen. 1916/17 reichte es gar an der Peripherie Münchens zu einem gemieteten Bauernhäuschen, dessen Grundstück sie mit Tieren bevölkerte, darunter einer Gans, die ihr täglich im Bett – ihrem bevorzugten Arbeitsplatz – die Referenz erwies. Doch die Idylle trügt. Auch diese Jahre waren von Kränklichkeit, Trübsinn und – während der kriegsbedingten Abwesenheit ihres Mannes – von Einsamkeit überschattet. 1920 suchte sie ihre materielle Not durch den Verkauf wertloser Gemälde, die sie mit den Signaturen berühmter Künstler versah, zu beheben. Natürlich flog die plumpe Fälschung auf und wurde auf gehässige Weise publik gemacht. Da beschloss die Verzweifelte, aus dem Leben zu scheiden. Sie weihte ihre älteste Tochter und Jerusalem in ihren Plan ein, beriet sich mit ihnen über die Modalitäten ihres Abgangs und vergiftete sich am 30. Juni auf dem Münchner Waldfriedhof.

Lena Christs Ende legt einen finsteren Akzent auf den Titel ihres Erstlings, doch wer das Buch liest, stößt nicht nur auf das Elend einer Überflüssigen, sondern auch auf die beglückenden Evokationen einer wahrhaft überfließenden Erzählerin. So vieles will von ihr aus der Versunkenheit zutage gefördert werden, dass sie keinen Raum für wehleidige Betrachtungen erübrigt. Zwar verschweigt sie nichts von dem, was ihr angetan wurde, aber sie stilisiert sich nie als Opfer. Schon die früheste Erinnerung bezeugt ihren Eigensinn, da das fünfjährige an Scharlach erkrankte Mädchen im Hemd und mit nackten Füßen in den Schnee hinausläuft und sich beinahe den Tod holt. Während die Halbwaise unter der gütigen Obhut ihres Großvaters auf dem Land heranwächst, versäumt sie keine Gelegenheit, sich als «Lausdirndl» zu bewähren. Sie exzelliert beim Fischfang und Apfelstehlen, und als die in München lebende Mutter brieflich ihren Besuch ankündigt, eilt sie stracks zum Bahnhof, in der irrigen Meinung, die «Münkara Muatta» würde noch am selben Tag eintreffen. Einige Wochen später stehen sich die beiden zum ersten Mal gegenüber, wobei die Liebesbereitschaft des Kindes durch ein sparsames «Bist auch da!» gedämpft wird. Eine wechselseitige Hassliebe entwickelt sich, als die Mutter nach ihrer Heirat mit einem Metzger und Gastwirt 1888 ihre Tochter nach München ruft. So hart Lena der Verlust des bäurischen Paradieses ankommt, tut die Mutter ein Übriges, ihr die Initiation in die neue Umgebung zu erschweren. Schon bei der Ankunft wird ihre ungezwungen-ländliche Ausdrucksweise gerügt, während ihr die Mutter mit Anreden wie «Dotschn», «G'scherte» und «G'stell» sprachliche Ohrfeigen verpasst, die dem städtischen Idiom kaum zur Ehre gereichen. Vor allem aber wird Lena gnadenlos in den Restaurationsbetrieb eingespannt. Schlimmer noch: Für geringste Verfehlungen wird sie gezüchtigt. Kein Wunder, dass sie mehrere Suizid- und Fluchtversuche unternimmt und nach dem Tod ihres Großvaters sogar in ein schwäbisches Kloster eintritt. Dem frommen Joch kann die ungezähmte Lena allerdings wenig abgewinnen – außer einer Milieustudie in den *Erinnerungen*, welche die lebensfeindliche Mischung aus Bigotterie, Drill und verkrüppelter Sexualität hellsichtig durchschaut. Nach zwei Jahren verlässt sie das Kloster und genießt es eine Weile, als «Wirtsleni» von einer heiratslustigen Schar von Freiern umworben zu werden. Prompt rutscht sie in die Ehe mit jenem Buchhalter, der ihr stets weniger behagt hat als die Aussicht, am Hochzeitstag ein seidenes Gewand zu tragen. Am Scheitern der Ehe, die immerhin drei Kinder zeitigt, sind offenbar beide Partner schuld.

Ein von unzähligen Fehlschlägen geprägtes Leben machte aus Lena Christ eine «Überflüssige» und suchte sie zugleich, laut ihren eigenen Worten, vom Gegenteil zu überzeugen. Vielleicht war dieser gescheiten, ungestümen, redlich-trotzigen und gewiss nicht leicht umgänglichen Frau tatsächlich auf Erden nicht zu helfen, und doch enthalten ihre Bücher eine Vitalität, die nichts ungereimter erscheinen lässt als diesen Freitod.

Die Erinnerungen einer Überflüssigen *sind im ersten Band* Sämtliche Werke, *Süddeutscher Verlag, München 1990, erschienen.*

Tour du monde eines poetischen Velozipedisten

Charles-Albert Cingria
(1883–1954)

Der Geist der Westschweizer Literatur weht, wo er will, und je nachdem um den Preis seiner Kenntlichkeit. Gelingt ihm der ersehnte Coup, die Bastion Paris zu stürmen, wird er flugs der französischen Kultur zugeschlagen. Im Fall einer Catherine Colomb genießt er heute in der deutschen Schweiz höheres Ansehen, als ihm anderswo je zuteil wurde. Und nun dieses Flatterwesen Charles-Albert Cingria, das weder Romand noch Schweizer sein wollte, eine Mutter polnischer Herkunft besaß und sich eingedenk seiner Vorfahren aus Ragusa (Dubrovnik) einen «levantinischen Italo-Franken» nannte! Dabei wurde er 1883 einwandfrei als Sohn naturalisierter Schweizer Eltern in Genf geboren und hat geradezu inbrünstig helvetische Gefilde beradelt, erwandert, erforscht und beschrieben. Nach seinem Tod flocht ihm die *Nouvelle Revue Française* einen mit illustren Namen bestickten Kranz, doch für den Eintritt in den Pantheon der französischen Literatur reichte es nicht. Inzwischen haben sich die Editions L'Age d'Homme in Lausanne seines Gesamtwerks angenommen, und seither ist die schriftstellerische Korona der Westschweiz tapfer darum bemüht, den ‹Geheimtipp› Cingria in die Weltliteratur einzubürgern.

Charles-Albert Cingria wuchs als zweites Kind einer begüterten katholischen Familie auf. Das religiöse Erbteil, das er während seiner etwas zerzausten Schulzeit in den Kollegien Saint-Maurice und Engelberg vertiefte, blieb ihm erhalten. Es weckte seine Passion für den gregorianischen Gesang und mündete in eine von sinnlicher Erfahrung und eklektischer Gelehrsamkeit erfüllte Spiritualität. Auch den Wohlstand ließ er sich, solange er währte, schmecken. Aus dem Vermögen des früh verstorbenen Vaters fiel ihm eine Pension zu, die er für Auslandsreisen und musikalische Studien in Genf und Rom nutzte. Da er sich nicht recht zutraute, seine Eigenart in der Musik zu entfalten, wandte er sich mit zwanzig dem Schreiben zu, das dann und wann Essays und Glossen zeitigte. Daneben posierte er als abgebrühter Dandy am Steuer eines schmucken Zweisitzers. Angeregt von historischer Lektüre und leider auch für kurze Zeit vom Gedankengut der Action française infiziert, kämpfte er mit seinem Maler-Bruder Alexandre und anderen, eher protestantisch orientierten Gefährten für eine Renaissance romanischer Kultur. 1910 zerstritten sich die Fraktionen handgreiflich – mit juristischem Nachspiel. Ohnehin ging der Individualist Cingria bald seiner eigenen Wege. 1915 zog er nach Paris, wo er drei Jahre später bis 1940 zwei Mansarden an der Rue Bonaparte mietete. Der Erste Weltkrieg beraubte ihn der väterlichen Ressourcen, nicht aber seiner Zuversicht. In Paris umgaben den ärmlichen Bohemien lauter Berühmtheiten. Modigliani porträtierte ihn. Cocteau, Paulhan, Marinetti, Tzara, Cendrars lauschten in den Cafés seinen wortgewaltigen Improvisationen über Gott und die Welt. Auf Henry Miller machte er den Eindruck eines Clowns oder entlaufenen Priesters; Max Jacob berichtet von Cingrias Lachsalven, die wie Fürze detonierten. Überall schien er aufzutauchen, um wieder das Weite zu suchen, womöglich auf dem Fahrrad, dessen funktionale Schönheit er überschwänglich pries. Jegliches Unterwegssein gereichte ihm zur Studienreise, aber er saß auch wochenlang in Bibliotheken, wo er das Material zu seinen vorzüglichen Abhandlungen über *La Civilisation de Saint-Gall* (1929), *Pétrarque* (1932) und *La Reine Berthe* (1948) fand: eine mittelalterliche matière de rêves, die er opulent aufbereitete und nicht – wie die Historiker der Zunft – in «petits cacas de caniche» (Pudelscheiße) zerkrümeln mochte. Ab 1928 produzierte Cingria rund zwanzig literarische Broschüren und Bücher, zumeist bibliophile Drucke in kleiner Auflage und stellenweise seiner «fröhlichen Wissenschaft» zum Verwechseln ähnlich. Der Verfasser dieser edlen Gebilde war allerdings auf regelmäßige Mitarbeit bei Zeitschriften sowie auf das Gnadenbrot von Freunden und Mäzenen angewiesen. 1954 wurde er todkrank aus Aix-en-Provence, dem Wohnsitz einer Gönnerin, nach Genf überführt, wo er am 1. August an einer Leberzirrhose starb.

Für die Verwandtschaft von Gehen und Schreiben gibt es keinen besseren Gewährsmann als unseren unentwegt fortschreibenden, fortschreitenden Charles-Albert. Schon Cocteau hat Cingrias «wunderbare Sprache» als eine «Gangart» (démarche) bezeichnet. Diese nimmt keinen einförmig-linearen Verlauf, und auch der Buchtitel des Genfer «Vorläufers» Rodolphe Toepffer, *Reisen im Zickzack*, trifft seine einzigartige Motorik durch Raum und Zeit nicht ganz. Immerhin ist das Terrain vorgegeben. In *Comes Formarum* gilt es, Rom und Umgebung zu erkunden. Das *Kleine harmonische Labyrinth* schildert eine nächtliche Radtour durch das mondbeschienene Gelände zwischen Paris und Orléans. In *Alpinische Klunker* winkt als Ziel einer Wanderung der Wallfahrtsort Heiligkreutz. Man progrediert irgendwie, aber ebenso verlässlich gerät man ins Stocken. Solches Verweilen und Abschweifen macht die Wonne des Autors aus; im Stillstand, auf der Gleitbahn der Einfälle, Erinnerungen und Assoziationen, kommt der Text erst richtig in Fahrt. Ein Geruch, ein Farbton, eine Schattierung, was immer die Sinne erregt, löst eine jähe Gedankenflucht in fernste Zeiten und Länder aus. Wenn sich Cingria in den wissenschaftlichen Schriften anheischig macht, eine historische Frage zwischen zwei Gläsern Wein zu klären, so genügt ihm in der Reiseprosa wiederum ein Schluck Wein, um zu einem historischen Exkurs auszuholen. Das Wunderbare liegt immer zunächst, allerdings eher abseits der Trampelpfade, welche die von ihm wenig geschätzten Touristen bevölkern. Im *Savoyer Brumaire* zieht der Erzähler den Duft eines Kornfelds durch die Nüstern, freut sich am Anblick einer Katze und erwittert unter dem Gras jene Straße, die einst savoyardische Soldaten durchzogen hatten, um Genf einzunehmen. Begreiflicherweise möchte er diesen Fund nicht missen, aber ebenso wenig das «pflanzliche Abenteuer» der Landschaft und schon gar nicht die prachtvolle Katze, die «mit eingezogenen Pfoten, genau wie ein Briefbeschwerer» dasitzt und dann «wie die Leoparden auf assyrischen Fresken mit weiten Schritten geschmeidig davongeht». Der unvergleichliche Rom-Essay *Comes Formarum* lässt einigen Sehenswürdigkeiten der Stadt durchaus Gerechtigkeit widerfahren, und notfalls kann Cingria deren Reize wie ein Baedeker hinunterschnurren. Sein besonderes Entzücken gehört freilich dem zwischen Treppenstufen sprießendem «zarten Gras, das eine gewisse Verliebtheit in die Verhältnisse bringt», oder einer von Schilfrohr bewachsenen Baustelle. «Es ist nichts», heißt es einmal im *Kleinen harmonischen Labyrinth*, «und es ist zauberhaft.» Dieses zauberhafte Nichts, das die Spaziergänge Charles-Albert Cingrias zutage fördern, beschert uns – laut Pierre-Olivier Walzer – «eine ständige Versöhnung mit dem Universum».

Auswahlbände von Cingrias Schriften in deutscher Übersetzung sind 1979 im Arche Verlag und 1985 im Benziger Verlag, beide Zürich, erschienen.

Die 40 Seiten des Monsieur Denon

Selbstporträt von
Dominique-Vivant Denon
(1747–1825)

An literarischem Ruhm lag Dominique-Vivant Denon offenbar wenig. Sein frühes Theaterstück *Julie ou le bon père* (1769), zu dem ihn die Schauspielerinnen der Comédie française angestiftet hatten, wurde von einem Kritiker mit dem Verdikt abgeschmettert, solche Talentlosigkeit müsse man im Keime ersticken. Seinen zweiten, zugleich letzten literarischen Streich veröffentlichte er 1777 unter den rätselhaften Majuskeln M.D.G.O.D.R. in einer Pariser Zeitschrift, und diese rund 40 Seiten umfassende Erzählung *Point de lendemain*, die zunächst keineswegs Furore machte, war nicht mehr wegzuschaffen. 1812 bekannte sich der Autor vor einer kleinen Gesellschaft zu dem inzwischen mehrmals nachgedruckten Erotikum. Siebzehn Jahre später beutete es Balzac für seine *Physiologie du mariage* aus, ein Beispiel, das in jüngster Zeit Schule machte, da Milan Kundera den Text in seinen Roman *Die Langsamkeit* (1995) einflocht. In unseren Breiten besann sich 1907 der für frivole Schriften unschlagbar zuständige Franz Blei auf den heimlichen Ahnen, und seiner Pioniertat folgten seither vier weitere deutsche Versionen der Erzählung. Für eine literaturgeschichtliche Fußnote reicht das, doch wer kennt schon – so die Lösung der Buchstabenreihe – Monsieur Denon, Gentilhomme Ordinaire Du Roi?

Dabei handelt es sich um eine Figur von europäischem Rang. 1764 war der burgundische Adelssprössling nach Paris gezogen, um als Künstler oder Jurist seinen Weg zu erstrampeln. In Versailles wurde König Ludwig XV. auf Denon aufmerksam und betraute ihn damit, die Gemmen von Madame Pompadour zu katalogisieren. Seine Umgangsformen empfahlen ihn dem diplomatischen Dienst, den er von 1772 bis 1785 vor allem an den Botschaften von Sankt Petersburg und Neapel versah. Eine Schweizer Mission nahm er zum Anlass, Voltaire zu besuchen, den er danach in einem Stich, *Le déjeuné de Ferney*, als ausgemergelten, verschmitzten Greis wiedergab. Überhaupt nutzte er die Zeit für Lektüre, Zeichnen, Bildungsreisen und diverse Sammeltätigkeiten, betrieb nichts exzessiv, aber war den Frauen und allen schönen Dingen des Lebens zugetan. Während in Paris die Revolution tobte, ging Denon in Venedig kunstsinnigen Beschäftigungen nach, doch eilte er sogleich in die Heimat, als man ihn der Landesflucht verdächtigte. Dank der Protektion des Revolutionsmalers David überstand er die Schreckensherrschaft Robespierres, und da er einige Jahre später den Salon von Joséphine de Beauharnais frequentierte, gewann er die Gunst des korsischen Generals. Als zeichnerischer Chronist begleitete er Napoleon auf dessen Ägyptenfeldzug, wo er mitten im Gefechtsfeuer kaltblütig Skizzen anfertigte, die er später seinem aufsehenerregenden Bericht *Voyage dans la Basse et la Haute Égypte* (1802) beigab. Daraufhin ernannte ihn Napoleon zum Generaldirektor der Pariser Museen, namentlich des Louvre, den Denon im Zug der französischen Eroberungen mit fremden Kunstschätzen bereicherte. Nach dem Zusammenbruch des Kaiserreichs musste er die konfiszierten Kunstwerke herausrücken, eine Aufgabe, der er sich mit Anstand entledigte. 1815 trat der 68jährige in den Ruhestand. Fortan betreute der rüstige Genießer am Quai Voltaire seine Privatsammlung, bis er 1825 an einer Lungenentzündung starb.

Der Erzählung *Point de lendemain – Nur diese Nacht –* ist ein Bibel-Zitat vorangestellt: «Denn der Buchstabe tötet, aber der Geist macht lebendig.» Kein züngelndes Fanal, das einen Taumel der Sinne ankündigt, aber das Motto trifft genau die Crux erotischer Literatur! Ist deren Gegenstand naturgemäß begrenzt, entfaltet sich ihr Reiz in der jeweiligen Dosierung dessen, was eingehend beschrieben oder bloß angedeutet und der Einbildungskraft überlassen wird. Den nicht unbedingt pornographisch erpichten Leser können weder die berüchtigten Gedankenstriche noch die umständlichen, gnadenlos repetitiven Darstellungen befriedigen. Während zuletzt die Physis stets auf ähnliche Weise zu ihrem Recht kommt, birgt das präliminarische Geschehen einen unerschöpflichen Reichtum an Varianten und Kombinatorik. Das ruft einen findigen Kopf auf den Plan, in einem Bereich, wo man doch mit Wonne Sinn und Verstand zu verlieren pflegt. Einige der gelungensten Liebesspiele der Weltliteratur, etwa diejenigen Laclos', bieten das Vergnügen einer ausgeklügelten Schachpartie.

Und nun Vivant Denon mit seiner einzigen Nacht, der vor allem dies: kein Morgen – point de lendemain – dämmert. Der Mann und die Frau, die sich hier für ein paar Stunden zu einem Paar formieren, sind bereits anderweitig verpflichtet. Der Ich-Erzähler ist «zwanzig und naiv» und liebt unbeirrt die Comtesse de …, obwohl sie ihn betrügt. Deren Freundin Madame de T… ist sowohl mit einem Ehemann wie mit einem Marquis als Liebhaber ausgerüstet und hegt jetzt Absichten auf den Erzähler, ohne bei diesem Beziehungsgestrüpp die Schicklichkeit zu missachten. Eines Abends wartet unser Held umsonst auf seine kapriziöse Comtesse und wird von der «sittsamen» Madame de T… in einer Kutsche entführt, angeblich, um der Versöhnung von Madame mit ihrem Ehemann beizuwohnen. Das Schwungrad der Phantasie beginnt sich zu drehen, der Mond verbreitet «ein sehr wollüstiges Zwielicht», das Schaukeln des Wagens begünstigt erste Intimitäten, und da sich am Reiseziel, einem unweit der Seine gelegenen luxuriösen Schloss, der Hausherr zu passender Stunde zurückzieht, findet die von der Gattung erheischte Unvermeidlichkeit statt. Man tut's also, und gerade die schicksalhafte «Man»-Instanz, an welche die Handelnden allmählich die Verantwortung für ihr Tun delegieren, gehört mit zu den stilistischen Finessen des Textes. Denon ist ein Meister der erzählerischen Ökonomie. Kein Satz entwischt ihm ins Ungefähre, oder vielmehr: Die Andeutung verrät die gleiche auktoriale Sorgfalt wie die bündige Aussage.

So vorhersehbar das Fait accompli, so erfrischend nehmen sich die einzelnen Stadien der Annäherung aus: die Wechsel von Innehalten und Aktivität, verzögerten und beschleunigten Tempi, Schweigen und Gespräch, Gefühl und Gebärde, Ernst und Scherz. Natur und lokale Gegebenheiten spielen artig mit, und sogar die Erinnerung an die abwesenden Partner, die Comtesse und den Marquis, steigert die Unternehmungslust der Liebenden. Auf die Dauer eines leichtfüßigen nächtlichen Divertimentos wird die Schwerkraft der sozialen Gepflogenheiten suspendiert. Am Morgen erwacht Madame de T... in unbeschädigter Würde. Drei Männer wissen nicht, wie ihnen geschehen ist. Zusammen mit dem beglückten Helden forschen wir «nach der Moral dieses ganzen Abenteuers» und finden, wie billig, keine.

Die Erzählung Nur diese Nacht *ist 1997 bei Schöffling, Frankfurt am Main, erschienen.*

Die Furie des Verschwindens

Selbstporträt von Leonid Dobytschin (1894–1936)

So gründlich hat er mit sich, hat Stalins Kulturpolitik mit ihm aufgeräumt, dass man nicht einmal weiß, ob nach seinem Suizid in der Newa die Leiche geborgen werden konnte. Rund fünfzig Jahre benötigte die Nachwelt, um sich auf das schmale Werk dieses ungemütlichen Eigenbrötlers zu besinnen, und erst vor kurzem gelang es, Leonid Dobytschins Geburtsjahr zweifelsfrei zu ermitteln. Auch in seinen Texten wird man ihn nicht ohne weiteres aufspüren, denn seine provozierende Eigenart wird nirgends deutlicher als im unentwegten Bemühen, die Anwesenheit eines Autors zu vertuschen. Und was sich aus den kärglichen Quellen an Lebensgeschichte rekonstruieren lässt, gleicht jener löchrigen, elliptischen Prosa, auf die sich Dobytschin trefflich verstand.

Immerhin darf als gesichert gelten: Leonid Dobytschin wurde 1894 im lettischen Städtchen Ljutschin als Sohn eines Arztes geboren. Noch vor 1900 übersiedelte die Familie im selben Gouvernement nach Dwinsk, einer multireligiösen Kreisstadt, wo der Vater bald darauf starb. Trotz zunehmender materieller Schwierigkeiten studierte Dobytschin in St. Petersburg Ökonomie und arbeitete in der Folge als Statistiker. Inzwischen war die Familie erneut in die näher bei Moskau gelegene Stadt Brjansk umgezogen, und hier, in geistiger Einöde und enger Häuslichkeit, schrieb Dobytschin seine ersten Kürzest-Erzählungen: stenographische Stimmungsbilder aus der Provinz, gesprenkelt mit postrevolutionären Versatzstücken und Wendungen, die sich unter Dobytschins Zugriff zur ernüchternden Kenntlichkeit wandelten. Entsprechend fielen die Reaktionen aus. Verzieh man ihm die trüben Realien seines ersten Sammelbandes *Begegnungen mit Liz* (1927) noch als ‹Milieuschilderung›, wurde ein zweiter Band, *Das Porträt* (1931), mit dem Verdikt «ein schändliches Buch» erledigt. Der proklamierte gesellschaftliche Aufschwung fand in diesen Büchern nicht statt, und der Umstand, dass Dobytschin unerbittlich an seinen Manuskripten feilte, machte ihn als Formalist verdächtig. Dafür wurden die literarischen Zirkel der neuerdings auf Leningrad lautenden Stadt auf Dobytschin aufmerksam, und der Schriftstellerverband bot ihm gar 1934 in dieser Kultur-Metropole ein Zimmer an. Die neue Umgebung stimulierte sein Schaffen. Kollegen zollten ihm Respekt, doch auch unter seinesgleichen wahrte Dobytschin eine schweigsame, höfliche Distanz, die er bisweilen durch ein Scherzwort unterbrach. Er war – laut Wenjamin Kawerin – «auf eine grimmige, hoffnungslose, ausweglose Weise gut». Sein jüngstes Werk, der Roman *Die Stadt N* (1935), der die Zustände vor der Oktoberrevolution in einer Provinzstadt schildert, befestigte seinen Ruf kleinbürgerlicher Rückständigkeit. Im Januar 1936 hatte die *Prawda* einen ebenso tückischen wie banausischen Angriff gegen Schostakowitschs Musik lanciert, und so beeilten sich die Funktionäre des Schriftstellerverbandes, am formalistischen «Volksfeind» Dobytschin ein Exempel zu statuieren. Dieser soll auf die wirren Anschuldigungen nicht viel mehr erwidert haben als: «Leider kann ich dem, was hier gesagt wurde, nicht zustimmen.» Dann übergab er einem Bekannten das Manuskript seines zweiten Romans *Schurkas Verwandtschaft*, verabschiedete sich brieflich von seinem Freund Tschukowski mit den Worten: «Suchen Sie nicht nach mir – ich gehe auf eine weite Reise» und wurde seither nicht mehr gesehen.

Vom Glück heißt es bekanntlich, dass es eher dort eintrifft, wo man nicht ist. Tschechows Figuren, die auf dem Land ihre Tage verdämmern, sehnen sich daher mit theatralischer Inbrunst nach Moskau. Auch der Titel von Dobytschins einzigem zu Lebzeiten publizierten Roman nennt einen Sehnsuchtsort, einen freilich, der ein unvorbereitetes Lesegemüt erschauern lässt. Dem jugendlichen Helden steht der Sinn ausgerechnet nach Gogols «Stadt N», wo Kollegienrat Tschitschikow «tote Seelen» hamstert. Ihm erscheint der satirische Griffel als eine Art Märchenpinsel, der ihn zum Träumen anstiftet, aber auch die Wirklichkeit, die er eifrig registriert, ist ihm durchaus genehm. Mit diesem altklugen Jungen wird uns eine veritable Rätselfigur beschert. Zum einen unterläuft seine kindliche Optik die herkömmliche Ordnung der Dinge, schenkt den nebensächlichen, flüchtigen Phänomenen eine Beachtung, die sie den gemeinhin für bedeutsam erachteten entzieht. Zum andern rutscht seine Ich-Erzählung fortwährend in den Pluralis Majestatis einer zumeist mütterlich besetzten Wir-Instanz, und beide, das Ich und das Wir, bedienen sich einer ‹gepflegten› Diktion, die dem infantilen Ausdrucksvermögen widerspricht. Und da sich Dobytschin jedweder psychologischen Darstellung enthält, ist der Leser auf kombinatorische Fähigkeiten angewiesen, um aus verstreuten Indizien ein ungefähres Bild des Bürschchens zu gewinnen.

Dafür wendet sich der zugeknöpft-plauderhafte Erzähler, als wäre er zum Chronisten berufen, resolut der Außenwelt zu. Was sich im Verlauf seiner «Kindheit um 1900» begibt, fasst er in impressionistische Häppchen, um zuletzt als Fazit seiner Reife festzustellen, dass er über Erinnerungen gebietet. Für Dobytschin hieß es aber, in einer verwegenen Tour de force auf 130 Buchseiten ein Dutzend Jahre zu überfliegen, und der Reiz des Textes beruht denn auch auf der raffinierten Unmerklichkeit, wie Frosch- und Vogelperspektive bald auseinander klaffen, bald ineinander übergehen. Verweilt der Text ausgiebig bei einem Schaufenster, einem Aushang, einem Kleidungsstück oder einem erlauschten Gespräch, werden wir zugleich der Raffung der zeitlichen Abläufe gewahr. Weder der Tod seines Vaters noch der russisch-japanische Krieg beschäftigen den Jungen nachhaltig. Abgesehen von der bangen Zuneigung, die er zu seinem Freund Serge hegt, werden seine pubertären Nöte nur angetupft. Die Schule schrumpft auf ein paar Begegnungen mit der Lehrerin zusammen, deren zutrauliches Gebaren er barsch zurückweist. Indessen sorgen die Jahreszeiten und Kirchenfeste für Abwechslung, Menschen treten auf und verschwinden, ein Kindermädchen löst das andere ab, Gummiräder dämpfen das Geräusch der Kutschen, auf die Laterna magica folgt das Kino, und die Individuation des Knaben erhellt aus dessen Lieblingslektüre, die Gogol zugunsten von Tschechow preisgibt.

Das heikelste Wahrnehmungsproblem stellt Dobytschin am Ende des Romans. Sein Held blickt zufällig durch ein Pincenez und entdeckt dabei seine Sehschwäche. Als er diese mit dem Kauf einer Brille behebt, erwägt er die Möglichkeit, «daß ich alles, was ich bisher gesehen hatte, nicht richtig gesehen hatte». Ich wüsste nicht, wie man uns suggestiver ein Dacapo nahe legen könnte.

Leonid Dobytschins Roman Die Stadt N *ist 1989 im S. Fischer Verlag, Frankfurt am Main, erschienen.*

Die im Dunkeln

David Goodis (1917–1967)

Literatur und Kino – diese unheilige Allianz frommt gelegentlich dem Markt, aber selten dem Werk eines Autors. Freilich hat kaum einer darauf verzichtet, wenn sie ihm angetragen wurde. Sogar Gabriele d'Annunzio setzte einst seine Hoheit gegen ein fürstliches Honorar aufs Spiel und schuf jenen Muskelprotz «Maciste», der bis in die siebziger Jahre in der Cinecittà sein fürchterliches Wesen trieb. David Goodis hat während fünf Jahren in Hollywood Drehbücher geschrieben, die fast alle in den Schubladen der Warner Brothers verschwanden. Dabei hatte die 1947 von den Warners lancierte Verfilmung des Romans *Dark Passage* Goodis zu Ehren gebracht, doch wer dachte schon, hingerissen vom Traumpaar Humphrey Bogart und Lauren Bacall, an den Urheber dieses Zaubers. Das Exempel machte Schule. Die düsteren Eingebungen von David Goodis wurden kontinuierlich auf die Leinwand gebannt – und leider auch *ver*bannt. 11 seiner 18 Kriminalromane wurden von renommierten Regisseuren wie Delmer Daves, Jacques Tourneur, François Truffaut, René Clément, Jean-Jacques Beinix und Samuel Fuller fürs Kino adaptiert, mit dem Ergebnis, dass zur Zeit in deutscher Übersetzung nur gerade zwei Bücher von Goodis erhältlich sind. Anders in Frankreich, wo Gallimards nicht genug zu rühmende *Série Noire* Goodis' Oeuvre seit jeher kultivierte und mit ihm und anderen Autoren – Cornell Woolrich, Dolores Hitchens, Lionel White – die Filmemacher der Nouvelle Vague maßgeblich beeinflusste.

Etwas Dämmerlichtiges hat Goodis zeitlebens umgeben, als wär's das ihm angestammte, einzig zuträgliche Element. Als Sohn einer jüdischen Mittelstandsfamilie wurde er 1917 in Philadelphia geboren. Hier besuchte er die High School und diplomierte 1938 an der Temple University in Journalismus. Auf ein Jahr trat er einer Werbeagentur bei und zog dann nach New York, wo er einen ehrgeizigen, wenig beachteten Beziehungsroman, *Retreat from Oblivion* (1939), publizierte. Seinen Unterhalt bestritt er aus Hörspielserien und – wie einige Jahre zuvor Dashiell Hammett und Raymond Chandler – aus Groschenheften (Pulp Magazines), die er pseudonym mit Horror-, Western- und Fliegergeschichten belieferte. Der zweite Roman *Dark Passage* verschaffte ihm 1946 die erwähnten Weihen Hollywoods, das ihm neben der unersprießlichen Lohnschreiberei die Gelegenheit bot, sich als Exzentriker aufzuführen. Mit Vorliebe präsentierte er sich dort in schäbigen, blau gefärbten Kleidern, fuhr das lebensgefährliche Wrack eines Chryslers, besuchte üble Spelunken und unterstrich sein Niederlassungsprovisorium, indem er statt einer Wohnung bei einem Freund für vier Dollar in der Woche ein Sofa mietete. 1950 kehrte er nach Philadelphia und in den ominösen Schoß seiner Familie zurück. Er verkroch sich in eine halb selbst gewählte, halb aufgezwungene Isolation, umsorgte seinen geistig behinderten Bruder und schrieb in bemerkenswerter Stetigkeit 13 Romane. Laut Truffaut pflegte er «nächtelang in den Straßen spazierenzugehen, wobei er manchmal, ohne zu wissen, wie ihm geschah, in Schlägereien verwickelt wurde». Herumzuschlagen hatte er sich auch mit Verlegern, denen seine finstere Weltsicht nicht behagte, und mit Fernseh-Produzenten, welche die Anlage von *Dark Passage* ohne finanzielle Entschädigung für die beliebte Serie *The Fugitive* plagiiert hatten. David Goodis starb kurz nach dem Tod der Eltern und zwei Monate vor seinem fünfzigsten Geburtstag 1967 in Philadelphia.

Mit dem Ausspruch «Ich bin nicht Dashiell Hammett!» unterband Goodis jede lobende Würdigung seines Schaffens, und als sich ein Kritiker nach seinem Erstling erkundigte, gab er ihm Bescheid: «Er taugt nichts, und das gleiche gilt für die meisten meiner übrigen Romane.» Tatsächlich kann er mit den gewieften Plots, der geschliffenen Form, den witzigen Dialogen der Hard-boiled-Klassiker nicht konkurrieren, aber das besagt nur, dass eben seine Qualitäten anderswo liegen. In der spezifischen Färbung eines ganz ihm zugehörigen fiktionalen Bereichs steht er jenen keineswegs nach. Die gelockerten Zügel, die seine Figuren etwas gar wirr und hilflos in ihr Verderben stolpern lassen, weisen auf das Fehlen einer die menschlichen Angelegenheiten regelnden Ordnungsmacht. Die Perspektive des Autors entspricht stets der Augenhöhe und den introspektiven Fähigkeiten der Helden. Deren unverblümte Umgangssprache affiziert auch die Beschaffenheit der Texte, als scheue sich der Autor, sich mit gestalterischen Mitteln in die Leiden seines Personals einzumischen.

Das Gütezeichen seiner Bücher ist im Atmosphärischen begründet, einem depressiv gestimmten American way of life, der manchmal an die Bilder von Edward Hopper erinnert. *Down There* (1956) lautet der ursprüngliche Titel des von Truffaut als *Tirez sur le pianiste* verfilmten Romans und bezeichnet nicht mehr, nicht weniger als eine Richtung, einen Ort, eine Befindlichkeit, eine Bewegung. Jedenfalls geht es entschieden abwärts: so mit dem Helden Eddie, dem einst verheißungsvollen Pianisten der Carnegie Hall, der selbst als Klimperer in Harriet's Hut jeglichen Halt verliert – so mit dem Schnee, der als passende Kulisse das ganze Buch durchzieht. Eines Nachts schneit es Eddies kriminellen Bruder Turley, der von zwei Männern gejagt wird, in Harriets Kneipe hinein. Turley hat zusammen mit einem weiteren Bruder eine Schmuggelorganisation um einige hunderttausend Dollar betrogen und zwei Komplizen abgeschüttelt, die ihm auf den Fersen sind. Daher möchte er für eine Nacht bei Eddie untertauchen, auch wenn dieser – ganz «sanft-leichtes Lächeln» und «sanft-leichte Musik» – von brüderlichen Verbindlichkeiten nichts mehr wissen will. Von Mitschuld am panischen Selbstmord seiner Frau gepeinigt, hat Eddie auf eine Pianistenlaufbahn verzichtet und sich allmählich zum «lebenden Beispiel absoluter Neutralität» erniedrigt. Doch die mühsam errichtete Bastion des Unbeteiligtseins wankt, gerät in den gnadenlosen Strudel von Eddies inneren Monologen. Eddie verhilft seinem Bruder zur Flucht und wird nun seinerseits verfolgt, wird gar zum Mörder aus Notwehr. Gegen seinen Willen erwidert er die Zuneigung der Kellnerin Lena, und ein zweites Mal verschuldet er den Tod einer Geliebten, da Lena bei der Schießerei um das geraubte Geld ihr Leben verliert.

Die Helden in David Goodis' bitteren Balladen sind meistens Verlierer, die einmal an ihrem tristen Los rütteln und dafür nur umso fataler von ihren Traumen, Ängsten und Obsessionen heimgesucht werden. Eddie hat zu Beginn von *Down There* den misslungenen Aufstand bereits hinter sich; am Ende findet er wenigstens zu den sanft plätschernden Melodien seines Klavierspiels zurück.

David Goodis' Roman Down There *erschien auf Deutsch unter dem Titel* Schießen Sie auf den Pianisten *im Unionsverlag, Zürich 1998.*

Unbestechliche Wehmut

Hermann Grab (1903–1949)

War er ein Außenseiter? Dem geläufigen Bild eines solchen entsprach der pragerdeutsche Schriftsteller Hermann Grab jedenfalls nicht. Schon früh umgab ihn in den intellektuellen Kreisen seiner Heimatstadt ein Nimbus der Bedeutsamkeit. Er hatte noch keine literarische Zeile veröffentlicht, als das *Prager Montagsblatt* 1932 seinen künftigen Musikreferenten als den «bekannten jungen Prager Schriftsteller Dr. Dr. Hermann Grab» vorstellte. Und zwei Jahre später annoncierte das gleiche Blatt Grabs Erstling *Der Stadtpark* mit Auszügen aus einem Brief von Thomas Mann, der das Buch im Manuskript gelesen hatte und dem Autor eine große Begabung attestierte. «Bekannt» war er wohl nie, aber er besaß einflussreiche Freunde – etwa Max Brod und Theodor W. Adorno, die sich von seinem literarischen Schaffen das Höchste versprachen. Ein erstaunlicher Umstand angesichts eines Oeuvres, das zuletzt kaum dreihundert Buchseiten umfasste, doch diese wurden bald einmal wie so viele andere der von Jürgen Serke 1987 erneut in Erinnerung gerufenen «böhmischen Dörfer» von der glanzvollen Erscheinung Kafkas verdunkelt.

Indessen hat Hermann Grab selbst schon dafür gesorgt, dass seine literarische Tätigkeit in den Schatten seiner zweiten, der musikpädagogischen Begabung geriet. Ihr hat er, und keineswegs nur aus Erwerbsgründen, viel mehr Zeit gewidmet, obwohl er das Schreiben mit unnachsichtigem Ernst betrieb. Der Sohn eines begüterten jüdischen Textilindustriellen wuchs in einem kulturbeflissenen Milieu auf. Als Musterschüler durchlief er das Gymnasium, studierte anschließend an den Universitäten von Wien, Berlin, Prag und Heidelberg, doktorierte nacheinander in Philosophie und Jurisprudenz, um daraufhin umso entschlossener seinen musischen Neigungen zu folgen. Zwar zollte er zunächst der bürgerlichen Norm seinen Tribut, indem er kurze Zeit in einer Advokatenkanzlei arbeitete, doch dann fand er bis zu seiner Emigration 1939 ein Auskommen als Musikkritiker und Klavierpädagoge. Von hervorragenden Musikern ausgebildet, darunter dem Pianisten Eduard Steuermann und dem Komponisten Alexander von Zemlinsky, erwarb er sich einen ansehnlichen Schülerkreis und ein internationales Renommee als Kenner historischer Tasteninstrumente. Im New Yorker Exil, das er über einen unendlich mühevollen Fluchtweg erreichte, war ihm die «Maschinerie des Lebens», wie er das Schicksal zu nennen pflegte, gewogen. Kurz nach der Ankunft lernte er seine spätere Frau, eine belgische Pianistin, kennen, und bereits 1941 gelang es ihm, eine eigene Musikschule zu gründen. Vor seinem frühen Tod 1949 entstanden nebenbei auch noch ein paar Erzählungen, die postum in dem schmalen Sammelband *Hochzeit in Brooklyn* (1957) erschienen. Wer mit Hermann Grab in Berührung kam, war von seinen gedanklichen und künstlerischen Fähigkeiten ebenso angetan wie von seinem Naturell. Die Freunde schildern sein vornehmes, eher zurückhaltendes Wesen, seine gewandten Umgangsformen, seine überlegene Bildung, zudem einen überaus liebenswürdigen und gütigen Menschen.

Solche Eigenschaften findet man im Roman *Der Stadtpark* wieder, aber vor allem sind in diesem Grabs beide Domänen, Literatur und Musik, eine fruchtbare Symbiose eingegangen. Bezeichnenderweise entfaltet sich das erzählerische Unternehmen ganz im Medium der Zeit, die sich als «temps vécu» bald zu raffen, zu dehnen, zu verdichten oder aufzuheben scheint. Inhaltliche Motive, Themen und Variationen treten auf und werden gleichsam als kompositorische Verfahren behandelt. Gelegentlich verwendet der Autor explizit musikalische Bilder, um psychologische Vorgänge zu deuten. So viel sich im Unscheinbaren ereignet, so wenig trifft man auf herkömmliche Handlungselemente. Manche Begebenheit wird nur im Nachhinein kenntlich, und erst gegen Ende des Romans kommt der Autor auf «jenes Ereignis» zu sprechen, «das in unserem Bericht wohl als die Hauptsache zu figurieren hätte» und das dem 13-jährigen Helden Renato frühes Liebesleid und Ernüchterung beschert.

Viermal in der Woche wird Renato von der englischen Gouvernante, Miss Florence, in den Stadtpark geführt, wo um dieselbe Zeit eine andere englische Gouvernante, Miss Harrison, ihren Schützling Marianne begleitet. Während die Erwachsenen ihren täglichen Tratsch austauschen, sind die Kinder sich selbst überlassen. Renato sucht die Zuneigung der meist schnippisch aufgelegten Marianne zu gewinnen, indem er ihr von seinem Klassenkameraden Felix vorschwärmt, um dessen Gunst er gleichfalls wirbt. In der Folge betätigt sich Renato als ahnungsloser Kuppler, verliert die Freundschaft beider Idole, und als das Verhältnis von Felix und Marianne ruchbar wird, muss er noch froh sein, dass man ihn nicht von der Schule weist.

Ein Flaubert'sches «Buch über nichts», und dabei geht es um die großen Themen Kindheit, Pubertät, Freundschaft, Liebe und Krieg. Der Erste Weltkrieg bildet die Folie, die vom Herbst 1915 bis zum Frühjahr 1916 unheilvoll in eine behütete Kindheit hineinragt und das Reich der Erwachsenen finster akzentuiert. «Der menschlichen Optik ist die Welt offenbar nur in Ausschnitten gegeben und nur so weit, als diese Ausschnitte in Widersprüchen zueinander stehen», heißt es an einer Stelle. Für diese fragmentarischen Ungereimtheiten beweist Grab eine scharfes Gespür, dem die «geschwungene Nase» im «Kürassiergesicht» des Altphilologen Piller ebenso auffällt wie die französische Aussprache des Wortes «Bronze», die der patriotische Mathematiklehrer Weinzierl anlässlich einer für Kriegszwecke veranstalteten Metallsammlung pflegt. Und Renato weiß nicht, wie er das von Miss Florence repräsentierte Muster englischer Lebensart mit dem Bild des «schlauen hinterlistigen Feindes» aus der Zeitung vereinbaren soll.

So hält Grab mit unbestechlicher Wehmut Rückschau auf die eigene Kindheit und lässt das pubertär erregte Sensorium Renatos am scheinbar intakten Großbürgertum der Prager Neustadt die Vorzeichen seines Untergangs wittern.

Hermann Grabs Roman Der Stadtpark *und der Erzählungsband* Hochzeit in Brooklyn *sind zuletzt im Verlag Neue Kritik, Frankfurt am Main 1995 f., erschienen.*

Poesie des Parlandos

Henry Green (1905–1973)

Um es gleich vorwegzunehmen: Nicht von Julien oder dem homonymen Graham und schon gar nicht von der englischen Version des *Grünen Heinrich* ist hier die Rede, sondern von Henry Vincent Yorke, der seine zehn Bücher unter dem Nom de plume Henry Green publizierte. Die angelsächsische Welt freilich weiß um die Unvergleichlichkeit dieses Autors. Die Erstausgaben seiner Romane gehören zu den höchstdotierten Sammelobjekten. Seine schriftstellerischen Kollegen singen bis heute sein Lob. W. H. Auden, V. S. Pritchett und Angus Wilson hielten ihn für einen der bedeutendsten Romanciers ihrer Zeit. John Updike bekannte sich zu ihm als seinem Lehrmeister, und auch die Kolleginnen vom Fach, zumal Rebecca West, Elizabeth Bowen und Eudora Welty, stimmten in die überschwängliche Bewunderung ein. Indessen passt das blässliche Pseudonym nicht schlecht zum ungreifbaren Wesen dieses Henry, der in seinem autobiographischen Werk *Pack My Bag* (1940) verlauten ließ, er schreibe Bücher, aber er sei darauf nicht stolzer als ein anderer auf das Wachsen seiner Nägel. Alter-Ego-Figuren oder auch nur eine durchgehende erzählerische Perspektive fehlen in den meisten seiner Romane, deren Titel jeweils auf ein einziges, möglichst unscheinbares Wort wie *Living*, *Back* oder *Nothing* lauten.

Dabei wuchs Henry Vincent Yorke auf einem vornehmen Landsitz bei Tewkesbury (Gloucestershire) auf, besuchte das Elite-College Eton und zollte dann seiner Distinktion in Oxford den unvermeidlichen Tribut. Statt eines Universitätsabschlusses legte er mit 21 Jahren einen ersten Roman, *Blindness*, vor, um anschließend als Arbeiter in die väterliche Maschinenbaufabrik in Birmingham einzutreten und aus solchen «unteren Regionen» seinen nächsten, vielleicht ehrgeizigsten Roman *Living* (1928) zu schöpfen. Schon 1929 rückte er in die Geschäftsleitung der Firma auf, heiratete und zog mit seiner Frau nach London, wo er – wiederum nicht ohne späteren literarischen Ertrag – in den müßiggängerischen Kreisen des Playboys Ali Khan verkehrte. Wechselhaftigkeit war der bestimmende Zug seines Naturells, das Gebaren eines Chamäleons das Kennzeichen dieses ausgepichten Individualisten. So hielt er die Doppelexistenz von Schriftsteller und Unternehmer stets aufrecht, sprang in seinen Büchern von einer gesellschaftlichen Klasse zur andern, vor allem aber von Figur zu Figur. Der Dialog, und nicht etwa die Milieustudie, erwies sich nämlich als seine Domäne, die er in den letzten Romanen *Nothing* (1950) und *Doting* (1952) so hingebungsvoll pflegte, dass darin gerade noch ein Dutzend erläuternder Passagen Unterschlupf fand. Dem bis in feinste Nuancen erlauschten Geplapper des Alltags galt sein eminentes Ohrenmerk, das er regelmäßig in seinem Stammpub übte, und ausgerechnet sein Gehör erlitt in den fünfziger Jahren unheilbaren Schaden. Von einem Hörgerät wollte er nichts wissen, ließ aber gerne unangenehme Äußerungen an seiner partiellen Taubheit abgleiten und überraschte bisweilen die Gesprächspartner mit ingeniösen Missverständnissen. Allerdings stellte er die Kneipenbesuche ein und zog sich immer mehr in die Häuslichkeit zurück. Während der letzten 21 Jahre seines Lebens kam kein einziges Buch mehr zustande.

Hat man sich einmal in die berückende Stimmen-Vielfalt unseres Henry Green vernarrt, fällt es schwer, eine Präferenz auf Kosten der übrigen Bücher anzugeben. Indessen gehört der unter dem Titel *Der Butler* nicht eben glücklich auf deutsch lancierte Roman *Loving* (1945) sicher zu Greens anmutigsten Werken. Dabei steht zu Beginn ein moribunder Butler, und alles weitere Geschehen findet vor der Todes-Kulisse des Zweiten Weltkriegs statt, der unablässig in das Bewusstsein der Menschen eindringt. Mrs. Tennant, eine vermögende alte Dame, hat sich vor den drohenden Bomben mit ihrer Schwiegertochter Violet samt Dienerschaft auf ein idyllisch gelegenes irisches Schloss abgesetzt, doch wo es mit der Welt so eklatant im Argen liegt, kann die Ordnung dieses Mikrokosmos nicht unversehrt bleiben. Noch liegt der alte Butler im Sterben, als sich ein Nachfolger, Charley Raunce, energisch anschickt, dessen Stelle zu usurpieren. Da heißt es zunächst, einen Kampf um die standesgemäße Anredeform durchzufechten: der Dienerschaft das egalitäre «Charley» auszutreiben und dafür den markanten Unterschied des «Mr.» einzubläuen sowie vor dem Angesicht der Herrin aus einem gesichtslosen «Arthur», wie Mrs. Raunce alle ihre Diener zu nennen pflegt, zu einem vollindividualisierten «Raunce» emporzuwachsen. Ein possierlicher Stellungskrieg hebt an, in dem jeder, die dienstälteste Miss Burch, die Köchin Mrs. Welch, der Zögling Albert, die Hausmädchen Edith und Kate, seine Zuständigkeit zu verteidigen oder gar zu erweitern sucht. Und fleißig wird Buch geführt, im einhelligen Bestreben, durch kleine Betrügereien der Herrschaft einen zusätzlichen Verdienst abzulisten. Die junge Dame Mrs. Violet benutzt die kriegsbedingte Abwesenheit ihres Gatten zu einem Seitensprung, wird dabei in flagranti ertappt und mimt darauf erst recht die untadelige Ehefrau, indem sie ihrem Mann nach England entgegenfährt. Die jüngst errungene Butlerwürde verleiht auch Charley erotische Schwungkraft. Seine Beziehung zur aufgeweckt-charmanten Edith – einer hinreißend konzipierten Figur – sorgt für die lichten Akzente im bunten Treiben, und da die Liebenden nicht am Gängelband eines allwissenden Erzählers geführt werden, ist es dem Vergnügen des Lesers anheim gestellt, von Mal zu Mal eine zunehmende Intimität an ihrem Gebaren, ihren Artikulationen zu beobachten. Kinder mengen sich ein, eine kuriose Pfauenzucht macht sich geltend, und insbesondere Greens Lieblingstiere, die Tauben, umturteln sinnreich das Liebesgeplänkel von Charley und Edith. Ein Pfau wird von einem Jungen abgemurkst, dann heimlich verscharrt und schließlich mit boshafter Absicht in der Vorratskammer deponiert. Sogar die Dinge proben den Aufstand: Ein verschwundener Ring der Schlossbesitzerin irrt leitmotivisch durch das ganze Buch und weckt die Phantasie und Begehrlichkeit der Menschen. Irrsal und Wirrsal zuhauf, der das vielstimmige Mundwerk dieses Romans in Betrieb hält! Dabei werden bloß Nichtigkeiten verhandelt, das Gerede scheint in lauter Trivialität aufzugehen. Pointen und poetische Wirkungen sind nicht vorgesehen und stellen sich doch allenthalben mit bezaubernder Beiläufigkeit ein. Diesem leidenschaftlichen Arrangeur des Geschwätzes kommt es eben vorrangig auf das Sous-entendu der Neben- und Untertöne, mithin auf Verschwiegenheit an. Er selber hat seine Anliegen in *Pack My Bag* am schönsten formuliert:

«Prosa soll man nicht laut lesen, sondern des Nachts für sich allein, und sie hat es nicht eilig, wie ein Gedicht, sondern ist eher ein Netz von Anspielungen, das weiter reicht als jede noch so umfassende Benennung. Prosa sollte wie ein langer vertrauter Umgang zwischen Fremden sein ohne einen direkten Verweis auf das, was beiden bekannt ist. Sie sollte behutsam an unausgesprochene Gefühle appellieren, sie sollte schließlich den Steinen Tränen entlocken.»

Der Roman Der Butler (Loving) *ist 1988 neben anderen übersetzten Büchern von Henry Green im Steidl Verlag, Göttingen, erschienen.*

«1 Gratis-tip für Taschenbuchverleger»

Karl von Holtei (1798–1880).
Zeichnung von J. J. Schmeller.

Zu den Vorzügen Arno Schmidts gehört, dass er nicht nur sein eigenes Werk, sondern ebenso energisch dasjenige von «älteren Kollegen» zu zelebrieren pflegte. Mit der Autorität des Selbst-Schreibenden trat er für seine Lieblinge Schnabel, Wezel, Moritz oder Gutzkow ein, um nebenbei hofierte Größen der Germanistik wie Novalis («Das ist doch Alles Mehl! Kein Brot; nicht einmal Bröt=chänn.») in die Schranken zu weisen. Wir, seine Jünger, folgten his master's voice beflissen, auch wenn uns nicht jedes von Schmidt gepriesene Gebilde in seiner vollen Würde aufgehen mochte. Mittlerweile haben auch die Verlage solche Empfehlungen beherzigt; Zweitausendeins bestritt aus ihnen sogar die Reihe *Haidnische Alterthümer*. Indessen blieb ein Köder bislang unbeachtet, obwohl ihn Schmidt unwiderstehlich genug ausgelegt hatte: «Wer mich nach unserm besten *deutschen* Krimi fragt, dem entgegne ich immer: HOLTEI, ‹Schwarzwaldau›. – und dann sitzen wir einander halt gegenüber, ich & die Herren vom Colt; (Prag 1856, 2 Bände übrigens: 1 Gratis-tip für Taschenbuchverleger).»

Nun ist Karl von Holtei – dafür hat er selber gesorgt – alles andere als ein unbeschriebenes Blatt. Mit 68 Jahren konnte er die Ernte von 41 Bänden erzählender Schriften einfahren. Dabei hatte er sich ebenso markant im lyrischen und dramatischen Fach betätigt, und ein paar tausend Seiten

Prosa waren ihm später noch vergönnt. Dem aus Schlesien gebürtigen Jüngling stand freilich der Sinn zunächst nach Landwirtschaft. Dann nahm er als Jäger an den Befreiungskriegen teil und studierte von 1816–1819 in Breslau Jura. Schon bald aber zog ihn das Theater in den Bann und hielt ihn als Schauspieler, Bühnenautor und Regisseur jahrzehntelang auf Trab. Holtei bediente geschickt den Geschmack seines Publikums, verstand sich aufs Rührselige ebenso wie aufs Komödiantische, gab sich als aufmüpfiger Radikaler und dann wieder als wackerer Patriot. In seiner Zeit durfte er manchen Erfolg einheimsen, während ihm aus heutiger Sicht am ehesten das Verdienst gebührt, Nestroy mit zweien seiner Trauerspiele zu parodistischen Possen angeregt zu haben. In Dresden pflegte er freundschaftlichen Umgang mit Ludwig Tieck, und 1823 zog er nach Berlin, um dort einige Jahre das Königstädtische Theater zu leiten. Auf Lesetourneen rezitierte er vor begeistertem Publikum Stücke von Shakespeare, doch die Ambition, Vorleser beim preußischen König zu werden, ging nicht in Erfüllung. 1850 in Graz «kaufte er sich einen Schreibtisch und ward seßhaft». Im selben Jahr beendigte er seine Memoiren *Vierzig Jahre*, deren zeitgeschichtlicher Reichtum bis heute geschätzt wird. Liebhaber volkstümlicher Lyrik halten auch die in Mundart abgefassten *Schlesischen Gedichte* (1830) in Ehren, während seine mannigfach demonstrierte Romankunst – zu Recht oder Unrecht – in Vergessenheit geriet. 1876 zog sich Karl von Holtei in ein Breslauer Kloster zurück, wo er nach langwieriger Krankheit 1880 starb.

Doch jetzt zu jenem Opus, das Arno Schmidt zum «besten deutschen Krimi» proklamierte! «Meines Erachtens wäre im Gebiete der Romanen=Litteratur durch Criminal=Geschichten noch viel zu leisten», räsoniert einer namens Emil in *Schwarzwaldau* und gibt zu verstehen, dass wir es hier mit einer schon damals blühenden Gattung zu tun haben. «Du solltest einen Roman dieser Art zu schreiben versuchen!», empfiehlt dem Räsoneur seine Gattin. Zwar lässt Emil das hübsch bleiben, doch ausgerechnet dieser zu Tat und Untat schlecht geeignete Melancholiker bringt am Ende die von der Criminal=Geschichte erheischten Morde zustande. Vorerst aber schleicht er unmutig auf seinem Landsitz Schwarzwaldau herum und wird vom Diener Franz an der ohnehin nicht sonderlich ernst gemeinten Absicht gehindert, Hand an sich zu legen. Viel grimmiger als Emil war in jenem Augenblick Franz zum Suizid entschlossen, ein Umstand, der eine verhängnisvolle Intimität zwischen Herr und Diener stiftet. Dieser offenbart Emil, er sei ein ehemaliger Freiherr und Zuchthäusler, und dreister noch: er liebe seine Frau Agnes. Da Emil mit seiner Gattin in frostiger Ehrbarkeit platonisiert, nimmt er das Geständnis gelassen auf. Nun tritt der Nachbarssohn Gustav auf den Plan, ein attraktiver Nichtsnutz, in welchem Emil den seit langem ersehnten Freund gewinnt. Außerdem trifft zu Besuch Agnes' Schulfreundin Caroline ein, die vor Heiratslust strotzt – das Feld für mancherlei «gefährliche Liebschaften» ist bestellt. Im Unterschied zu Laclos herrscht unter Holteis Figuren (außer mit Franz) eine allseitige Gewogenheit. Die Damen tuscheln vertrauensvoll, Gustav lässt mit gutmütigem Gähnen Emils gelahrte Ergüsse in seine Ohren träufeln. Man tafelt vergnügt, sitzt am Kamin oder produziert sich musikalisch. Unterdessen sucht Caroline vergeblich bei Gustav zu reüssieren, den es leider nach der spröden Agnes gelüstet. Dann besinnt sich Gustav anders und will die vermögende Caroline schwängern, um den Widerstand seines Schwiegervaters in spe gegen den mittellosen Bewerber zu brechen. Darüber ist wiederum Emil entsetzt, findet aber nichts dabei, seine Frau förmlich dem Freund in die Arme zu treiben, um ja nicht dessen Gesellschaft entbehren zu müssen. Die Ruchlosigkeit des Gatten macht Agnes gegenüber Gustav geneigter, und im Hintergrund lauert der Diener Franz und heckt Schlimmes gegen den begünstigten Nebenbuhler aus. Sein Attentat schlägt fehl, hat aber den Tod der geliebten Agnes zur Folge.

Vollends kriminell geht es im zweiten Band von *Schwarzwaldau* zu, der die Schauplätze um Dresden, Teplitz und Prag erweitert. Der diabolische Franz, der wie ein faules Ei dem andern seinem Namensvetter in Schillers *Räubern* gleicht, bringt Emil in seine Gewalt, und beide setzen dem liederlich-lebenslustigen Gustav nach. Unversehens scheint die heiratserpichte Caroline doch noch auf ihre Rechnung zu kommen, da im Verlauf der sinistren Begebenheiten gleich zwei Männer des Trios sie zur Gattin begehren. Damit ist ihr wenig geholfen, denn zuletzt mündet alles in die Katastrophe. Hans, der zahme Storch auf Schwarzwaldau, hat Gründe zuhauf, den Ausgang des Romans zu beklappern.

Karl von Holtei verfügt über ein erstaunliches Handwerk. Je nach Bedarf lockert oder strafft er die auktorialen Zügel, verzögert oder beschleunigt er die Tempi und schützt gelegentlich Unwissenheit vor, um die Spannung zu schüren. Mit den bewährten Mustern des Genres wie mit dem Leser treibt er ein augenzwinkerndes Spiel, als müsste er uns – ach wir armen Postmodernisten! – exemplarisch zeigen, wie man so etwas macht. Das ergibt vielleicht nicht den «besten deutschen Krimi», aber «1 Gratis-tip für Taschenbuchverleger» allemal.

Karl von Holteis Roman Schwarzwaldau *ist 1856 in* Album, *11. Jahrgang, Prag und Leipzig, erschienen.*

Der Weg zurück

Yasushi Inoue (1907–1991)

Die Tochter erinnert sich an den über den Schreibtisch gekrümmten Rücken ihres Vaters: «ein Vulkan kurz vor dem Ausbruch», der keine Störung duldete und sie auf der Schwelle des Arbeitszimmers festbannte. Er selber empfand seine eruptive Tätigkeit eher beschaulich, als Musterung eines verwilderten Gartens, der ihm unter wechselnder Beleuchtung doch immer nur sein eigenes Wesen zeigte. Zweifellos war Yasushi Inoue ein ungemein disziplinierter Schriftsteller. Nächtlicher Geselligkeit keineswegs abgeneigt, pflegte er nach den entspannenden Intermezzi bis in den Morgen hinein seine Notizbücher zu bekritzeln. So vollbrachte Inoue, der erst mit 42 Jahren verbindlich in die Literatur einstieg, ein gewaltiges Lebenswerk, das neben etlichen Gedichtbänden, Essays und Reisebüchern um die 180 Erzählungen und 50 Romane umfasst. Diese Fülle mag hierzulande befremden. Sie entspricht aber dem japanischen Maß eines Kenji Mizoguchi, der über neunzig Filme realisierte. Nicht auszudenken, welch überquellende Produktion uns Yukio Mishima beschert hätte, wäre ihr nicht sein Selbstmord zuvorgekommen!

Yasushi Inoue wurde 1907 als Sohn eines Militärarztes geboren. Da die Eltern von Garnison zu Garnison umzogen, wurde das sechsjährige Kind einer Nebenfrau seines Urgroßvaters anvertraut. Der Kleine wuchs in einem 150 Kilometer von Tokyo entfernten Dorf der ländlichen Halbinsel Izu auf, närrisch umsorgt von der ehemaligen Geisha. Auch die Gymnasialzeit verbrachte er zumeist getrennt vom Elternhaus, erst bei einer Tante, später in einem Internat, das Inoues Lerneifer ebenso wenig auf die Sprünge half wie die bisherigen Schulen. Es folgten zehn laut Inoue «träge» Studienjahre an der Universität, die zwischen Medizin, Philosophie und Ästhetik mäanderten. Immerhin heiratete er, exzellierte im Judo, begeisterte sich für die Schriftstellerei und gewann einige literarische Wettbewerbe. Ein Preis der Zeitung *Mainichi Shinbun* verschaffte ihm 1936 eine Stelle bei diesem Blatt, dem er daraufhin fünfzehn Jahre lang als Kunst-Redakteur und kurze Zeit als Kriegsberichterstatter diente. Anscheinend ist der Journalismus seiner künstlerischen Prosa gut bekommen. Das angewandte Schreiben erzog ihn zur schlichten, anschaulichen Diktion und befähigte ihn zu einer objektivierenden Darstellung, die sich auktorialer Einmischung enthält und durchwegs die Perspektive seiner Figuren wahrt. 1949 fand Inoue mit seinen beiden ersten Romanen *Der Stierkampf* und *Das Jagdgewehr* auf Anhieb zu seinem Personal: jenen ungeborgenen, in Leidenschaften verstrickten Individuen, denen nichts zuverlässiger winkt als die Einsamkeit, die sie bis zum fatalen Ende ertragen. Inoue hat sich auch seine Arbeit nach dem Ethos des pflichtbewussten Ausharrens zurechtgelegt. Seine schönsten Werke hatte er sich für das Alter aufgehoben: Romane über einen Teemeister des 16. Jahrhunderts und über Konfuzius. Der Teezeremonie, diesen dem kostbaren Nichtstun geweihten, einer «anderen Zeit» zugehörigen Augenblicken, oblag Inoue hingebungsvoll, und er suchte deren strenge Ordnung auf seine vita activa zu übertragen: «Die Dinge aus einem Abstand wahrnehmen, nachprüfen, ausdrücken. Diesen Geist darf man niemals, niemals vernachlässigen. Es ist etwas Schreckliches und dabei unmöglich zu leisten.» Zwei Jahre, nachdem er den Konfuzius-Roman, seine «Gabe an das 21. Jahrhundert», abgeschlossen hatte, starb Inoue 1991 in Tokyo.

Yasushi Inoues Schaffen ist ebenso vielfältig wie umfangreich. Es wird bald von der eigenen Biographie, bald von der Gegenwart und Geschichte Japans genährt, aber auch chinesische und russische Stoffe sowie der Mongole Dschingis Khan haben Inoue erzählerisch inspiriert. Als sein intimstes Werk gelten drei zwischen 1964 und 1974 entstandene Texte, die auf Deutsch unter dem Titel *Meine Mutter* erschienen. Man versteht die Scheu des Autors, ihre Form – «weder Novelle noch Essay» – näher zu bezeichnen. Sie berichten von der Annäherung an eine Figur, die Inoue während seiner Kindheit oft entbehren musste. Daher bleibt ihr Bild von sentimentalen Erinnerungen unberührt, und Inoue hütet sich, das Versäumnis der frühen Jahre nachzuholen. Die Nähe zur Mutter gelingt nur aus einer achtsamen Distanz, notfalls einer «Neugierde, als beobachtete ich sie mit den beweglichen Fühlern eines Insekts». Man könnte auch von beweglicher Einfühlung sprechen, denn so phänomenologisch-nüchtern er den Raubbau beschreibt, den das Alter am Geist und Körper der Greisin vornimmt, hofft er zugleich, den geheimen Sinn ihres sonderbaren Verhaltens zu ergründen und respektiert ihre Mündigkeit. Dabei gesteht er durchaus die Mühe, welche die eigensinnig alternde Frau ihren Kindern bereitet, zumal den beiden Töchtern, die sie jahrelang betreuen. Zur Zeit ihres achtzigsten Geburtstags, der Inoues ersten Bericht *Unter den Blüten* (1964) initiiert, scheint ihre Vitalität äußerlich ungebrochen, wäre da nicht die Vergesslichkeit, die sie, «einer gesprungenen Schallplatte gleich», dieselben Dinge unzählige Male wiederholen lässt. Unermüdlich erzählt sie etwa von einem Vetter, einem Schwarm ihrer Mädchenjahre, während die Erinnerung an den Ehemann beinahe erlischt. Aus der Sicht der Familienangehörigen wirkt das Alter als

«Radiergummi», der die Erwachsenenzeit der Mutter unwiderruflich aus ihrem Gedächtnis tilgt. Nach weiteren fünf Jahren, die in der Schrift *Der Glanz des Mondes* (1969) geschildert werden, hat sich das kindliche Gebaren der Mutter verstärkt. Zwar blüht sie in ihrer Heimat eine Zeit lang auf, und bisweilen fallen ihr jäh Erinnerungsfetzen zu – einzelne Menschen, Gedichtzeilen, vage Impressionen, aber dann zerbröckelt wieder alles Erinnerte und Erlebte. Nichts mehr hält sie fest, die zerstreut dasitzt oder ruhelos umhergeistert und an die «Schwerelosigkeit trockenen Laubs» gemahnt. Der dritte Teil, *Die Schneedecke* (1974), erörtert ihre letzte Lebensphase, die der Tod kurz vor ihrem 90. Geburtstag beendet. Allmählich verpuppt sich die Mutter in eine undurchdringliche Einsamkeit und erkennt die eigenen Kinder nicht mehr. Am Ende verabschiedet sie sich von ihrem Sohn mit gezierter Höflichkeit, wie von einem fremden Gast.

Indessen sorgt gerade das Fremde, das Mutter und Sohn unaufhaltsam trennt, immer wieder für Momente inniger Nähe und Zärtlichkeit. Eines Nachts vermisst die Mutter neben sich das zur Ruhe gebettete Kind, ihren Sohn, und geht ihn suchen. Inoue halluziniert das Bild seiner jungen Mutter, die auf einer hell beschienenen Straße nach dem kleinen Yasushi Ausschau hält, und plötzlich erkennt er sich selber auf dem «vom strahlenden Mondlicht überfluteten» Gelände seiner Kindheit: als reifen Mann, der seine greise Mutter sucht.

Yasushi Inoues Meine Mutter *(1975) ist als Suhrkamp Taschenbuch, Frankfurt am Main 1990, erhältlich.*

Von Büchern und anderen Seligkeiten

Jean Paul (1763–1825), gemalt von Heinrich Pfenninger.

«Den Weg zurück ins Kinderland möchte ich, nach reiflicher Überlegung, doch lieber mit Jean Paul als mit S. Freud machen», bekannte einst Karl Kraus, und es ist zu vermuten, dass ihm sowohl das Ohrfeigen des Psychoanalytikers wie das implizite Lob des Dichters leichter von der Hand ging, als der rhetorische Einschub suggeriert. Ins Kinderland haben Jean Paul schon seine Zeitgenossen am liebsten verwiesen, und sei es nur, um ihn nicht ganz ernst nehmen zu müssen. Freilich hat er selber oft genug darin geschwelgt und so erfolgreich dessen Misere verdrängt, dass es zuletzt als schlackenloses Idyll erschien.

Aber nicht nur Hunger und Armut, Gespensterfurcht und Isolation haben die frühen Jahre des 1763 in Wunsiedel (Fichtelgebirge) geborenen Pfarrersohns Johann Paul Friedrich Richter geprägt, sondern mehr noch jene Zaubermittel, die solche Not bannten. Trotz eines abschreckend-dürren Unterrichts, den ihm sein Vater erteilte, entwickelte der Junge eine kolossale Lern- und Lesegier, mit der er jegliches Gedruckte hinunterschlang. Wie nachmals sein Schulmeisterlein Wutz schrieb er sich aus Makulaturpapier eine eigene Bibliothek zusammen. Seit dem 15. Lebensjahr trug er das Gelesene in Exzerptenheften ein, die ins Unermessliche anwachsen sollten. Als Gymnasiast verfasste er philosophische Reden, als Student in Leipzig einen empfindsamen Briefroman, den er aus guten Gründen der Öffentlichkeit vorenthielt. Dennoch stand sein Entschluss fest, künftig mit Schriftstellerei sein Brot zu verdienen, und mit zwanzig deponierte er denn auch einen ersten Wust gelehrter, bilderreicher Satiren unter dem Titel *Grönländische Prozesse* in zwei Bändchen. Damit war allerdings kein Staat zu machen, und in den folgenden zehn Jahren blieb ihm die kärglich entlohnte Fron eines Haus- und Dorfschullehrers nicht erspart. Der Tod zweier Freunde und der Suizid seines Bruders Heinrich verdüsterten sein Gemüt, doch ausgerechnet eine Todesvision ‹befreite› seine gleichsam satirisch gestaute erzählerische Begabung. Binnen fünfzehn Jahren entstanden seine großen Romane, einer aus dem andern herausquellend und selten zu Ende geführt: *Die unsichtbare Loge* (1793), *Hesperus* (1795), *Siebenkäs* (1796/97), *Titan* (1800/1803), *Flegeljahre* (1804/05). Es sind allesamt wunderliche, wundersame Gebilde von einer unvergleichlichen Sprachkraft, naiv und bildungsbeflissen, bald sentimental, bald aufgeräumt witzig, republikanisch befeuert und mit viel adeligem Personal besetzt, poetisch abgehoben und dennoch der Prosa des Alltags zugewandt. *Hesperus* hat ihn sogar eine Zeit lang in Mode gebracht. Frauenbriefe und -herzen umflatterten ihn danach in süßer Zudringlichkeit, bis der noch keusche Junggeselle die Ehe mit einem «sanften Mädgen» einging, das «mir etwas kochen kann und das mit mir lacht und weint». Kaum bezog er mit Karoline, der Tochter eines Justizbeamten, das gemeinsame Heim, lautete seine Devise: «Gearbeitet und gelesen soll jetzt werden.»

Daran hielt er sich, auch wenn der Schaffensfluss öfter ins Stocken geriet. Die erzählerischen Vorhaben traten nun hinter ästhetischen und ethischen Studien zurück. Die schwierigen Zeitläufte im Zeichen der napoleonischen Okkupation wollten bedacht sein. Bayreuth bot dem vorzeitig Gealterten während der letzten 21 Lebensjahre Domizil sowie das unverzichtbare Stimulantium Bier. In einem Gasthof außerhalb der Stadt und in seinem eigenen, mit klobigen Möbeln, einem Arbeitssofa, Büchern, Manuskripten, Flaschen, Gläsern, Vogelbauern und einem Pudel ausstaffierten Gehäuse fand er den ihm gemäßen Dunstkreis. 1825 starb er, erschöpft, abgezehrt, blind – inmitten angefangener Projekte.

Auch unter Jean-Paul-Liebhabern hat *Das Kampaner Tal oder über die Unsterblichkeit der Seele* (1797) zumeist einen schweren Stand. Dabei schrieb der Autor noch in seinen letzten Monaten an einer Fortsetzung dieser Erzählung, *Selina*, und genau besehen führt der Text ins Herz seiner schriftstellerischen Anliegen. Keiner hat so emphatisch wie er die Mitlebenden – personifiziert in seinen Figuren und Lesern – als Mitsterbende angesprochen und seine «oratorische Phantasie» dazu verwandt, auf die finstere Folie des Todes und die helle eines jenseitigen «Sonnenlandes» ein funkelndes Prosagewirk zu legen. Dieses Bemühen läuft bei Jean Paul nicht ohne konstruktive Verwicklungen ab. Im vorliegenden Fall schickt er sein Alter Ego J. P. in Begleitung eines Kumpans, des Rittmeisters Karlson, in eine berühmte Landschaft des 18. Jahrhunderts, um von hier aus «epistolarische Stundenzettel» an Freund Viktor, den Romanhelden des *Hesperus*, zu senden. Das in den französischen Pyrenäen gelegene Vallée de Campan eignet sich als paradiesisches Gelände umso besser, als es von Jean Paul nie gesehen wurde und somit seiner Dekorations- und Beleuchtungskünste harrt. Hier stoßen die Reisenden auf eine Hochzeitsgesellschaft: den untadeligen Baron und Bräutigam Wilhelmi; die jüngst einem Scheintod mirakulös entronnene, im Übrigen höchst reiz- und gefühlsvolle Braut Gione; deren jüngeres schwesterliches Ebenbild Nadine, in die sich J. P. unverzüglich verliebt; endlich auf einen verdrießlichen Kaplan, der seines Amtes waltet. Die Gruppe lustwandelt durch blühende Weiden an einem Flüsschen entlang, und J. P. lässt sich den peripathetischen Anlass nicht nehmen, den ungläubigen Karlson für die Annahme einer «transzendenten Schäferwelt» zu gewinnen. Da seine Argumentation ein borniges Gestrüpp von Philosophemen enthält, beneidet der Leser manchmal die Figuren, die ungehindert durch die Frühlingspracht streifen. Keine Bange! Alsbald fällt der Blick aus abstrakten Höhen in anschauliche Niederungen, um sich wieder, in einem einzigen Satz, von den Nachtigallen über die Lerchen und Rosenkäfer zu den Adlern, Wolken und Bergen aufzuschwingen. Was kreucht und fleucht, hat es Jean Paul diesmal besonders angetan. Eine Eintagsfliege wird leibhaftig und beispielhaft herangezogen. Ein Totenkopf-Schmetterling leistet seinen zweckdienlichen Beitrag, während Wilhelmi versichert, «er nehme, um in ein Arkadien, in ein Eden abzufliegen, keine größern Schwingen dazu als die vier eines Schmetterlings». J. P. sammelt für die angeliebte Nadine Johanniswürmer und Feuerasseln und erklimmt einen Gipfel der Intimität, als er mittels einer Heuschrecke den einzigen Makel ihrer Wangen, eine Warze, extrahieren darf.

Den ergreifendsten Augenblick hat sich Jean Paul für das Ende der Erzählung ausgedacht. Als die Gesellschaft bei einem Schloss anlangt, auf dessen Plattform zwei Fesselballone angebunden sind, steigen zunächst Gione allein und dann J. P. und Nadine gemeinsam in den Nachthimmel, um in luftiger Entrückung den Abstand des menschlichen Globus zur Erdkugel auszumessen, auszufühlen. «Ich kann mich nicht erinnern», schreibt Lichtenberg 1798, «daß seit langer Zeit irgend nur ein Bild einen so hinreißenden Eindruck auf mich gemacht hat.»

Jean Pauls Erzählung Das Kampanertal *befindet sich im 4. Band der preisgünstigen, im Verlag Zweitausendeins, Frankfurt am Main, erschienenen Werkausgabe.*

Von Schluck zu Schluck

Wenedikt Jerofejew (1938–1990)

Reisen und Erzählen entsprechen sich eigentümlich. Schon die Odyssee weiß davon ihr exemplarisch Lied zu singen. Erst recht hofft heute mancher Autor, jenen Stoff, der ihm auszugehen droht, unterwegs im Ausland aufzustöbern. Und wer sich zu Hause mit einem Schreibgerät abmüht, neigt immerhin dazu, seine Unternehmung in die metaphorische Nähe einer Forschungsreise zu rücken. Keine Region zwischen Himmel und Hölle ist den literarischen Reisen versperrt, aber ihre via regia führt allemal ins menschliche Herz. Ihm hat Laurence Sterne 1768 seine *Sentimental Journey* gewidmet und seither unzählige Nachfolger gefunden. Die Reihe gipfelt einstweilen in Wenedikt Jerofejews famoser *Reise nach Petuschki* (geschrieben 1969), und nicht umsonst drückt dessen Held seine in einem Köfferchen verstaute trinkbare Habe an das Organ der Empfindsamkeit.

Bevor Jerofejew sein Herz auf der Lokalbahn Moskau-Petuschki erkundete, musste er den Polarkreis in südlicher Richtung durchqueren. 1938 wurde er im nördlichen Tschupa (Karelien) geboren, wo sein Vater als Eisenbahninspektor die Linie Kandalakscha-Murmansk betreute. Dieser wurde kurz nach Wenedikts Geburt 15 Jahre lang wegen «Vaterlandsverrat» in ein Arbeitslager interniert. Wenedikt wuchs in einem Kinderheim auf, besuchte in Kirow die Grundschule und begann 1955 ein Sprachstudium an der Moskauer

Universität, von der er nach drei Semestern infolge unerlaubter studentischer Aktivitäten verwiesen wurde. Das gleiche Schicksal wiederfuhr ihm an zwei pädagogischen Instituten: 1959/1960 in Orechowo-Sujewo bei Moskau, wo man ihn «moralischer Zersetzung» bezichtigte, und 1961 in Wladimir, wo ihm der Besitz einer Bibel zum Verhängnis wurde. Den Lebensunterhalt verdiente er sich als Maurer, Straßenarbeiter, Heizer und von 1969 bis 1974 als Kabelleger an verschiedenen Orten der Sowjetunion. 1974 durfte er sich dank der Heirat mit einer Moskauerin definitiv in der Hauptstadt niederlassen. Für seinen Sohn verfasste er Lehrbücher und Gedichte «im traditionellen Stil», die seine Schwiegermutter zum Anfeuern verwendet haben soll. Bei dieser Aussage muss man einige Flunkerei in Rechnung stellen, denn Jerofejew hat drei weitere Manuskripte für verschollen erklärt, darunter den Roman *Schostakowitsch* (1972), der ihm angeblich im Zug nebst zwei Flaschen Alkoholika entwendet wurde. Sogar über die ursprünglich im Samisdat vertriebene *Reise nach Petuschki* munkelte er, das Manuskript sei ihm abhanden gekommen und ausgerechnet der Lehrstuhl für Literatur an der Moskauer Universität habe es wieder zutage gefördert. Zumindest drei opuscula hat er in Exilzeitschriften veröffentlicht: *Wassilij Rosanow mit den Augen eines Exzentrikers* (1982), eine Huldigung an den wahlverwandten Schriftsteller; das in einer psychiatrischen Klinik spielende Theaterstück *Die Walpurgisnacht oder die Schritte des Komandors* (1985); die grimmige Zitaten-Sammlung *Meine kleine Leniniana* (1988). Bei aller Ungebärdigkeit war Jerofejew ein scheuer, sanftmütiger Mensch von einer stupenden Belesenheit. Aus der Bibel habe er «alles geschöpft, was man für die Seele eines Menschen schöpfen könne», bekannte er einmal. Natürlich ist auch *seine* satirische Sprachkraft aus Gogols *Mantel* geschlüpft. Daneben schätzte Jerofejew so unterschiedliche Autoren wie Maupassant, Kafka und Faulkner. Doch für seine «gelehrte» Prosa wollte er nicht gelobt werden, ohne dass man seinen Humor und die Kompetenz in Sachen Alkoholismus würdigte. Als im Zeichen der Perestrojka 1988 *Die Reise nach Petuschki* in Moskau erscheinen konnte und Furore machte, ging er dem Rummel um seine Person aus dem Weg. 1990 starb Wenedikt Jerofejew an Kehlkopfkrebs.

Von einem Bahnhof aus, heißt es sinngemäß bei Otto Weininger, sei noch keiner in die Freiheit gefahren. Jerofejews Reisender – niemand anders als die Wenedikt, auch zärtlicher Wenitschka oder Wenja genannte auktoriale Herrlichkeit – möchte von einem Moskauer Bahnhof aus stracks ins Paradies fahren: in die schäbige Kleinstadt Petuschki, «wo die Vögel nicht aufhören zu singen, weder am Tage noch bei Nacht, wo sommers wie winters der Jasmin nicht verblüht». Dort würde ihn auf dem Bahnsteig, Schlag elf, eine Geliebte erwarten, «diese Favoritin unter den Flittchen, diese weißblonde Teufelin», und irgendwo ein Söhnchen, «das ihn liebt wie sich selbst». Zu solcher Wochenend-Glorie gilt es eine Strecke von 120 Kilometern zurückzulegen, und als Treibstoff des wishful thinking dient ein alkoholischer Rausch, der sich gewaschen hat. Vor dem Besteigen des Zuges muss freilich – «O Zeit zwischen Morgendämmern und Öffnung der Geschäfte!» – ein nüchternes Purgatorium erduldet werden, aber dann kommt Wenitschka flott in Fahrt und gleitet wohlmunitioniert von Schluck zu Schluck, von Glas zu Glas. Während die einzelnen Bahnhöfe Kapitel eröffnen und beschließen, geben die Trinkbewegungen den feineren Takt an. Das will mit Grandezza bewältigt werden: das Würgen in der Manier des Heldentenors Schaljapin, das Trinken mit dem Kopfschwung eines Pianisten. Und da derartiges Tun die Zunge löst und nach Geselligkeit heischt, finden sich verschworene Mitreisende ein, die munter drauflos schwadronieren.

Der Alkohol beschwingt aber nicht nur die Phantasie und Eloquenz der Trinker. In der kundigen Anwendung des Autors erweist er sich als ein äußerst schmiegsames satirisches Medium. Hier ist die Welt alles, was umnebelt der Fall ist. Sogar der Schaffner verlangt statt der Fahrkarte einen nach der Streckenlänge bemessenen alkoholischen Tribut. Das eigene Leben erfüllt sich in lauter Trinkbarkeiten, aber auch die Historie, insbesondere die Literaturgeschichte wird von Räuschen bestimmt. Wer etwas Nennenswertes vollbrachte, kam ums Saufen nicht herum.

Die getrübte Optik mag die Wahrnehmung verzerren und bringt zugleich die Dinge: die abgestumpften Blicke der Mitmenschen, den Leerlauf der sowjetischen Planwirtschaft, exakt auf den satirischen Begriff. Nun ist die beschwipste Lebenskunst freilich in einem Teufelskreis beschlossen. Jeder Euphorie winkt ein Katzenjammer, der wiederum alkoholisch kuriert wird. Bei zunehmendem Rausch entwickelt sich Wenitschkas Aufbruch ins Paradies zu einem Horrortrip. Vor der Ankunft in Petuschki verirrt er sich in einen Gegenzug nach Moskau. Da bekommt er wenigstens die Kremlmauern zu Gesicht, denen er bisher ingeniös ausgewichen ist, aber zuletzt machen ihm vier Racheengel den Garaus.

Dennoch hat der unwiderstehliche Aberwitz der *Reise nach Petuschki* dem Autor selber immer wieder «ein schallendes kindliches Lachen» entlockt.

Wenedikt Jerofejews als «Poem» bezeichneter Roman Die Reise nach Petuschki *(Originaltitel:* Moskwa-Petuschki*) erschien auf Deutsch 1978 im Piper Verlag, München.*

Licht und Schatten

Eduard von Keyserling (1855–1918), gemalt von Lovis Corinth.

Seine Hässlichkeit war legendär. Keiner, der ihn kannte, blieb von ihr unberührt, und Lovis Corinth hat sie überdies in mitleidloser Schärfe für die Nachwelt festgehalten. Zum Glück hat der Maler seinem Modell, Eduard Graf von Keyserling, den Humor nicht auszutreiben vermocht, denn dieser bemerkte zu seinem Konterfei in naserümpfendem Dialekt: «Es mag, trotz der Brutalität, die drinsteckt, gut jemalt seein, und gut unterhalten *hat* er mich dabeei. So aussehn aber möcht ich lieber *nich.*»

Der Ausspruch stammt aus Keyserlings glücklichster Zeit, da er seit 1895, umsorgt von zwei ledigen Schwestern, in München residierte und trotz eines beschwerlichen Rückenmarkleidens regelmäßig in der Schwabinger Boheme aufkreuzte. Im Café Stefanie, in der Torggelstube oder bei Kathi Kobus pflegte er mit seinen pointierten Plaudereien eine illustre Runde zu unterhalten, zu der neben den Stammgästen Frank Wedekind und Max Halbe gelegentlich Alfred Kubin, Erich Mühsam und Karl Kraus stießen. War er gar bei seinem Freund Halbe zu Gast, ließ er sich den Abbruch des Bechers und Parlierens erst durch das Schmettern der «Amselväter» anmahnen. Solche von ihm nur mit Krücken zu bewältigenden «Ausflüge ins Leben» nahmen um 1908 ein drastisches Ende. Im Zuge seiner Krankheit erblindete Keyserling ganz, und in einer schlichten Wohnung im dritten

Stock der Ainmillerstrasse 19 diktierte er fortan den Schwestern seine leisen, feinen, behutsam formulierten Novellen. Vom ausgelassenen Witz des Bohemien ist darin nichts zu spüren, es sei denn jenes Gran Ironie, das beinahe unmerklich im melancholischen Grundton der Texte mitschwingt. Doch was könnte anrührender den Verlust der Sehkraft bezeugen als Keyserlings leichthin so genannter «Impressionismus»: das Wechselspiel von Licht und Schatten, das zarte Pastell der Farben, die beziehungsreichen Valeurs von Rot und Weiß.

Schon die Titel seiner Werke – *Schwüle Tage* und *Harmonie* (1906), *Dumala* (1908), *Wellen* (1911), *Am Südhang* (1916) oder *Im stillen Winkel* (1918) – legen den Akzent auf Stimmungen, und sie führen allesamt in seine baltische Kindheit zurück, auch wenn der autobiographische Anteil im Einzelnen schwer auszumachen ist. Der 1855 geborene Eduard von Keyserling wuchs unter elf Geschwistern auf Schloss Paddern (Aizpute), einem bedeutenden kurländischen Adelsgut, auf, besuchte ein «Ritterschaftsgymnasium» und studierte in Wien und Graz Philosophie und Kunstgeschichte. Zuvor hatte er an der heimischen Universität Dorpat ein Jurastudium abbrechen müssen, laut dem Neffen Otto von Taube einer «Lappalie – einer Inkorrektheit» zufolge, die ihn bei seinem Stand in Ungnade fallen ließ. Von den Nachbarn geächtet, verwaltete er daraufhin während einiger Jahre die mütterlichen Güter in Paddern und Telsen. Diese Demütigung zeitigte vermutlich um 1890 seine Liebäugeleien mit dem Sozialismus sowie zwei Romane in naturalistischer Manier, bis er 1903 über den Umweg dramatischer Versuche zu seinem Thema fand: dem in der Schönheit, der Contenance einer makellosen Prosa gefassten Untergang der eigenen gesellschaftlichen Klasse. Seine liebenswürdige Erscheinung vereinigte den einhelligen Respekt so unterschiedlicher Geister wie Erich Mühsam, Kurt Tucholsky und Thomas Mann, der im

Nachruf auf Keyserlings Tod 1918 schrieb: «Die Kunst war ihm Zweifel, Güte, Selbstzucht, Melodie und Traum.»

Der im Kriegsjahr 1914 erschienene Roman *Abendliche Häuser* muss auf damalige Leser wie ein Exotikum gewirkt haben. Statt handlungslüsternem Pathos wurde ihnen hier ein abgelegener kurländischer «Adelswinkel» zugemutet, in welchem die Gutsbesitzer darauf bedacht waren, dass «sich ein Leben geregelter Wohlhabenheit behaglich abspann». Die Herren Barone sitzen vor dem Kamin, saugen an ihren Zigarren, und der unbestrittene Herrscher der Region, der alte Siegwart von der Warthe, bringt mit den waag- und senkrechten Gesten seiner flachen Hand die Welt ins Lot. Seit einem Schlaganfall ist er allerdings an den Rollstuhl gefesselt, und seine unverrückbaren Grundsätze gehen ihm nur noch stockend über die Lippen. Unterdessen sitzen die Damen in abgedunkelten Räumen beim Tee, nippen an edlem Porzellan, sprechen gedämpft oder legen eine Patience. Höchstens rafft sich die aus dem verruchten Dresden zurückgekehrte Gertrud zu einer Gesangsdarbietung auf und verzehrt sich, händeringend und auf Zehenspitzen stehend, in einem Schubertlied. «Fühlen Sie nicht, wie hier in diesem Zimmer alles Leidenschaftliche und Lebensvolle gleich verklingt, totgeschlagen wird vom – wie soll ich sagen – Abendlichen, Großmütterlichen?», fragt Dietz Egloff, das Enfant terrible, seine künftige Verlobte Fastrade von der Warthe. Doch wenn der Abend metaphorisch das sterile Dasein der Adeligen beschleicht, schöpft Fastrade wiederum aus dem Abendrot Lust zu neuen Unternehmungen. Und wo anders, wenn nicht unter dem «kalten, weißen Laken» des Schnees wittert sie das «große, starke Leben, zu dem sie gehörte»! Fastrade probt mit dem ruinösen Glücksspieler Dietz den Aufstand und begleitet ihn zur Bestürzung ihrer Familie auf seinen nächtlichen Ausritten. Als er sie aber einmal mit seiner früheren

Geliebten Lydia betrügt, löst sie unverzüglich die Verlobung auf, und nachdem Dietz Lydias Mann im Duell getötet hat, begeht er Selbstmord. Damit haben die Alteingesessenen wieder ihre dringend benötigte Ruhe und Fastrade ihren stillen Schmerz, der sie einstweilen für das vereitelte Glück entschädigt.

Welche Position nimmt Keyserling ein, der unter die Bohemiens verirrte Aristokrat, dessen «Laune und Grazie» (Franz Blei) auch die tödliche Krankheit nicht zerstören konnte? Beobachtet er zweifellos mit Sympathie das Geschick der aufbegehrenden Dietz und Fastrade, versagt er auch dem stilvollen Leiden eines Siegwart von der Warthe nicht seine Anteilnahme. So genau Keyserling die verkümmerte Vitalität und angekränkelten Rituale seiner baltischen Standesgenossen registriert, so wenig wird man aus seiner impressionistischen Unbestechlichkeit Vertrauen auf eine gesellschaftliche Umwälzung herauslesen. Jedenfalls hat er beides, das hinfällige Alte und das aufkeimende Neue, in die schwermütigen Lyrismen seiner Prosa gebannt. *Mehr* zu leisten ist dem dichterischen Ingenium kaum gegeben.

Eduard von Keyserlings Roman Abendliche Häuser *ist zuletzt 1992 bei Goldmann in München erschienen.*

Gelegenheitspoesie und ihre Folgen

Omar Khayyám (11., 12. Jh.)

Sein literarisches Nebengeschäft betrieb Edward Fitz-Gerald (1809–1883), der moderat begüterte Müßiggänger, möglichst unauffällig. Zeitlebens wollte er keinen Beruf ausüben. Nach einer standesgemäßen Ausbildung in Paris und Cambridge residierte er zurückgezogen im ländlichen Suffolk. Immerhin pflegte er einige Freundschaften, darunter mit Thackeray, Tennyson und Carlyle, die er mit anmutig formulierten Briefen nährte. Im Übrigen beschäftigte er sich mit Lesen, fremden Sprachen, Botanik und Musik und brachte die Sommermonate zumeist auf seiner Yacht zu. Gelegentlich übersetzte er etwas aus dem Spanischen, Griechischen und Persischen, das er neben spärlichen eigenen Produkten diskret in die Öffentlichkeit entließ. Nicht anders verfuhr er mit einer 21 Seiten umfassenden Broschüre, die er 1859 in 250 Exemplaren unter dem Titel *Rubáiyát Of Omar Khayyám, The Astronomer-Poet of Persia* anonym publizierte. Im Verlauf orientalischer Studien war er in der Bodleian Library der Universität Oxford an eine altpersische Handschrift geraten, die ihm nach «echtem Metall» zu klingen schien und die er in englische Verse übertrug. Das Büchlein blieb erst einmal unverkäuflich liegen, stieß dann auf einen kleinen Kreis von empfänglichen Gemütern, um gegen Ende des 19. Jahrhunderts einen beispiellosen Siegeszug in der angelsächsischen Welt anzutreten. Auch im deutschsprachigen Bereich wurde daraufhin Omar «der Zeltmacher» – wie sich der persische Familienname Khayyám versteht – zuhauf übersetzt, doch FitzGeralds nachdichtende, wenn auch philologisch anfechtbare Leistung ist in ihrem melodisch-rhythmischen Zauber bis heute unerreicht.

Vor FitzGeralds Initiative galt der Gelegenheitspoet Omar im eigenen Land eher wenig. Dafür wurde seiner natur- und geisteswissenschaftlichen Tätigkeit stets höchste Achtung gezollt. Indessen hat der Gelehrte keine markante Lebensspur gezogen. Sein Wirken fällt in die zweite Hälfte des 11. Jahrhunderts, da Persien von den seldschukischen Sultanen Alp Arslan und dessen Sohn Malik Schah regiert wurde. Omar wuchs in der einst blühenden Stadt Neschapur auf, wo er an der muslimischen Hochschule (Madrasa) in religiösen und weltlichen Disziplinen unterrichtet wurde. Hier soll er mit zwei anderen verheißungsvollen Zöglingen, Nizamu'l Mulk und Hasan Ibn Sabbah, einen Freundschaftsbund geschlossen haben. Man gelobte sich wechselseitige Förderung, und als Nizamu'l Mulk zum Großwesir des Reiches avancierte, verschaffte er Hasan, dem angehenden Gründer der terroristischen Assassinen-Sekte, einen Regierungsposten. Der Begünstigte zahlte es seinem Gönner heim, indem er ihn 1092 umbringen ließ. Auch Omar profitierte von der Karriere des Freundes, doch er wünschte sich von ihm lediglich eine Nische, um unbehelligt seinem Lehr- und Forschungstrieb nachgehen zu dürfen. So verfasste er an der Madrasa von Neschapur mehrere mathematische, astronomische, naturkundliche und philosophische Abhandlungen, etwa eine Algebra, die den Wissensstand seiner abendländischen Kollegen um Jahrhunderte überflügelte. Gelegentlich wurde er vom Hof als Gestirnkundler und Schicksalsdeuter eingespannt, eine Pflicht, die der aufgeklärte Skeptiker mit einigem Erfolg erledigte. Im Auftrag des Sultans führte er ab 1074 eine Kalenderreform durch: ein Muster der Genauigkeit, das den Vergleich mit der gregorianischen Zeitrechnung nicht zu scheuen braucht. Später, als schiitische und sunnitische Glaubenskämpfe entbrannten, wurde ihm die wissenschaftliche Bravour als Frevel ausgelegt. Zwar wusste er sich dem religiösen Wahn durch eine Pilgerreise nach Mekka zu entziehen; den Ruf eines heuchlerischen Freigeistes, der sich mürrisch in seinen Winkel verkroch und den Weingenuss pries, wurde er nicht mehr los. Dennoch war ihm ein langes Leben und zuletzt, vielleicht 1121, jenes Grab beschieden, das – wie er es laut dem Bericht eines Schülers vorausgesagt hatte – der Nordwind mit Blütenblättern bestreut.

Unter den Omar Khayyám zugeschriebenen Gedichten ist kein einziges von ihm selber bezeugt. Die früheste, nur gerade vier Texte darbietende Handschrift stammt aus dem Jahr 1161. Wohl sind rund 1500 Gedichte in einigen Dutzend Abschriften überliefert, doch während man früher dazu neigte, 500 davon für authentisch zu halten, akzeptiert ein neuerer persischer Herausgeber bloß deren 75. Dass Omar solche Sinnsprüche tatsächlich geschrieben hat, steht hingegen außer Zweifel. Der *Rubai*, eine vierzeilige und jeweils gesangsweise vorgetragene Liedform mit dem Reimschema a-a-b-a, war im Persien des 11. Jahrhunderts bei Gelehrten sehr beliebt, da er ihnen erlaubte, Philosopheme in leicht zugänglicher, bündiger Fassung unter die Leute zu bringen. Ein jeder *Rubai* ist in sich abgeschlossen, doch schon FitzGeralds Sammlung bezog ihren Reiz aus dem Ensemble, den gleitenden Übergängen von Gedicht zu Gedicht. Eine auf Moll gestimmte Schicksalsmelodie durchzieht Omars Dichtung. Das einzelne Gebilde nimmt sie auf und erhebt zugleich, kraft seiner Individualität, Einspruch gegen den dunklen Basso continuo. Ähnliches trägt sich in der Argumentation dieser Sinnsprüche zu. Fortwährend wird Klage geführt über die Vergänglichkeit aller Dinge. Die menschliche Existenz ist arg befristet. Was immer entsteht, geht nach der ihm gesetzten Zeitspanne unwiderruflich zu Ende. Das Schöne, kaum wird man seiner gewahr, schwindet dahin. Dem Tod ist kein Kraut gewachsen, kein jenseitiges Paradies winkt, aber es droht auch keine Hölle. Gut und Böse, Reichtum und Armut, Glück und Elend, das Erhoffte und Vereitelte, das Vollbrachte und Versäumte, das alles erscheint angesichts des letalen Schicksals nichtig. Dennoch erliegt Omar nicht der nihilistischen Verzweiflung. Zwar hadert er bisweilen mit der condition humaine und der Instanz, die sie uns eingebrockt hat. Unermüdlich fragt er nach dem Woher und Wohin, Warum und Wozu, aber er wittert auch die Chance, sich inmitten solcher Fraglichkeit einzurichten. Da die Wahrheit ohnehin nicht zu haben ist, entfallen manche Sorgen, und man besinnt sich auf die greifbaren Daseinsfreuden, eine durchzechte Nacht mit Freunden oder mit einer Geliebten. Wider den Trübsinn empfiehlt Omar bald real, bald metaphorisch den Wein, der einen Vorgeschmack des «Nichtseins» gibt, aber auch die mystische Entrückung der Sufis und die geistige Unabhängigkeit des Forschers indiziert. Für den angeblichen Materialisten herrschen nämlich zwischen Oben und Unten wundersame Beziehungen. Das Weltrad dreht sich wie die Scheibe des Töpfers, der aus dem Staub der dahingegangenen Menschen Krüge und Becher formt:

«O komm, Geliebte, komm, es sinkt die Nacht,
Verscheuche mir durch deiner Schönheit Pracht
Des Zweifels Dunkel! Nimm den Krug und trink,
Eh man aus unserm Staube Krüge macht.»

Die Sinnsprüche Omars des Zeltmachers *sind unter anderem in der Insel-Bücherei, Nr. 402, Frankfurt am Main, erschienen.*

Der letzte Einsiedler auf Patmos

Robert Lax (1915–2000)

Obwohl der amerikanische Dichter Robert Lax vornehmlich mit sich selber Umgang pflegte, war er nicht einsam. Beinahe täglich erreichten ihn Briefe und Besucher aus aller Welt. Telephon, Radio und ein zuträgliches Maß an Geselligkeit wusste er durchaus zu schätzen. Ein Computer, der die kärgliche Einrichtung seines Interieurs mit einem exotischen Tupfer versah, erschien ihm sogar in den Träumen als wohltätiges Wesen. Und wenn er, mit Stock und Strohhut ausgerüstet, die steilen Gässchen zu seiner hoch über dem Hafenort Skala gelegenen Klause erklommen hatte, umschwänzelte ihn vor der Haustür ein Dutzend Katzen. Er lebte allein, um unbehelligt seinen schriftstellerischen Anliegen nachzugehen und sich dadurch seinen Mitmenschen nützlich zu erweisen.

Robert Lax wurde 1915 als Sohn jüdischer Eltern in der Kleinstadt Olean, nordwestlich von New York, geboren. Schon den Knaben kennzeichnete ein sanfter grüblerischer Eigensinn, und der greise Lax sagte, er würde von den gleichen Angelegenheiten obsediert wie in seiner Jugend. Mitte der dreißiger Jahre gehörte er mit dem Maler Ad Reinhardt und dem späteren Trappistenmönch Thomas Merton zu einem Freundeskreis, der sich an der New Yorker Columbia University um den Literaturprofessor Mark van Doren scharte und die humoristische Zeitschrift *Columbia Jester* herausgab. Mit endlosen Diskussionen, gemeinsamen Ausflügen, Jazz,

Bart und schriftstellerischem Wildwuchs traten diese Vorläufer der Beatniks gegen die wirtschaftliche Depression und den eigenen Katzenjammer an. Laut Mertons Zeugnis faszinierte Lax seine Gefährten als «eine Verbindung von Hamlet und Elias», der «seine langen Beine auf sieben verschiedene Arten um einen Stuhl herumwand, während er mit dem ersten Worte rang». Ähnlich gewunden nahm sich zunächst der Kurs seines Lebens aus. Zwischen 1941 und 1948 arbeitete er je ein Jahr als redaktioneller Mitarbeiter des *New Yorker*, als Englischlehrer an der Universität von North Carolina und am Connecticut College for Women, dann wieder als Filmkritiker des *Time Magazine*. Eine weitere Jahresschlaufe führte ihn in die Szenaristenfabrik von Hollywood, und schließlich begleitete er den Zirkus Cristiani auf einer Tournee durch Kanada, eine Erfahrung, die in den allegorischen Gedichtzyklus *Circus of the Sun* (1959) einging. Allmählich entfremdete sich Lax den amerikanischen Verhältnissen, den allzu geläufigen, eingeschliffenen Fragen und Antworten, und da er mittlerweile zum katholischen Glauben konvertiert war und die liberalkatholische Zeitschrift *Jubilee* mitgegründet hatte, bereiste er ab 1953 als Redakteur ohne festen Wohnsitz Europa. Neben Reportagen entstanden nun vermehrt literarische Texte, Eingebungen und Notate, die sich der Gunst des Augenblicks verdankten und ebenso zwanglos von kleinen befreundeten Verlagen im Lauf der Jahrzehnte gedruckt wurden. Inzwischen umfasst die Liste seiner Publikationen über 250 Titel. «Ambition is not a word that really inspires me», bekannte Lax, der sich nie um die Verbreitung seiner Schriften gekümmert hatte. 1962 blieb er im Zug einer längeren Reise in Griechenland hängen, wo ihm Patmos, die Insel des Apokalyptikers, ein ideales Beiseit gewährte. Indessen zwangen die Altersgebrechen Lax doch noch zur Heimkehr nach Olean, wo er kurz darauf im September 2000 verschied.

«Dinge auf eine Linie bringen» – so lapidar nennt Lax selber ein zentrales Motiv seines Schaffens. Augenfällig offenbart sich diese Absicht in der Vertikalität der Gedichte, in jenen aus einsilbigen Wörtern und Wortteilen gebildeten Textschnüren, die sich manchmal über mehrere Seiten spannen. Ihr Erscheinungsbild erinnert an konkrete Poesie, doch wie Lax' Schreiben eher den kreatürlichen Gesetzen des Atmens und Wachsens als ästhetischen Erwägungen gehorcht, sollte man von der existentiellen Dimension seiner Verfahren nicht absehen. In *21 pages* (1984), dem Meisterwerk der griechischen Periode, sucht Lax nichts Geringeres, als die Dinge seines Lebens auf eine Linie zu bringen. Dieser kontinuierlich an- und abschwellende Text füllt 21 Seiten eines Notizbuchs, das Lax während neun Nächten beim Schein einer Taschenlampe beschriftet hat. Der Lichtkegel, der die Dunkelheit durchbricht, ist nicht nur die äußere Voraussetzung, sondern auch der numinose Fluchtpunkt dieser nächtlichen Unternehmung. An ihrem Anfang steht – wie schon früher und immerdar – die «suche nach einem du», einem göttlichen Unbekannten, das zugleich das eigene Selbst bedeuten mag. So wird von vornherein die Identität des Suchenden und Gesuchten radikal in Frage gestellt. Nichts scheint festzustehen außer das dem Subjekt angeborene, aufgetragene «searching», das in der Folge durch ein «waiting» präzisiert wird. Im Rückblick auf sein Leben gewahrt der Autor ein nach dem Ende der Schulzeit einsetzendes Warten, das erst bewusstlos anhebt und sich allmählich zu einer «Bereitschaft» (alertness) sammelt. Warten, Achtgeben, Schauen – to wait, to watch, to look: um diese verbale Achse schwingt der Text, indem bald die eine, bald die andere Komponente betont wird. Schließlich dulden weder diese untätig-tätige Disposition noch deren sprachlicher Ausdruck ein zu eifriges Bemühen. Das Ersehnte wiederum will gleich einem Freund oder einem Brief empfangen werden, wobei offen bleibt, ob es, wenn es einträfe – das Ding, der Augenblick, das Ereignis – überhaupt erkannt würde, da von ihm bloß eine Ahnung, «ein schwaches, nie verblassendes Lichtfeld» existiert.

Und was vermag schon das Weiß gegen das Schwarz, der Schimmer gegen die Nacht, die unablässig erkundet wird? Das Dunkle ist das dominierende Element, das Ungeordnete, das nach einer geheimen Harmonie strebt und doch alles Geformte wieder auflöst. Auch das Dunkel unterliegt einem Wechsel von Ruhe und Aufruhr. Sein sprunghaftes Wesen deutet Lax etwa nach dem Bild einer schwarzen Katze, die bereits durch ein paar ausgetauschte Buchstaben aus dem Schlaf geschreckt wird: «Cat nap and cat nip. Sleeping and leaping.» – In Alfred Kuonis freier Übersetzung: «Liebkätzchen und hiebkätzchen. Schlafen und strafen.» Jedenfalls führt kein Weg an der Finsternis vorbei, schon gar nicht für denjenigen, dessen Leben und Schaffen dem «einzigen, einzigartigen zweck» dient: «achtzugeben, zu warten.»

Diesem meditativen Ausharren, diesem unentwegten Sagen, Fragen, Stocken, Verwerfen, Neuansetzen, Rekapitulieren ist merklich eine Prise Beckett beigemischt. Godot bleibt aus, denn wenn er käme, «wenn du kämest, würde alles anders. Tausend, vielleicht eine million dinge würden anders. Mein ganzes leben würde anders. Das weiß ich. Soviel habe ich von anfang an gewusst.»

21 pages / 21 seiten *von Robert Lax ist in einer zweisprachigen Ausgabe im Pendo Verlag, Zürich 1984, erschienen.*

Der Rest ist Schweigen

Hans Lebert (1919–1993)

Sie seien allesamt Gogols *Mantel* entschlüpft, hat Dostojewski zur geistigen Herkunft seiner eigenen Schriftstellergeneration bemerkt. Vor ein paar Jahren glaubte Sigrid Löffler einen ähnlichen Stammvater für die österreichische Nachkriegsliteratur zu eruieren: Hans Lebert, von dessen Ahnenschaft manch angenommener Spross kaum etwas wissen mochte. Lebert war nie in aller Munde, geschweige denn eine Lesepflicht für jüngere Kollegen. Dennoch darf er als writer's writer gelten, dem so verschiedene Autoren wie Heimito von Doderer, Erich Fried, Gerhard Fritsch und Robert Menasse ihre Reverenz erwiesen. Und zumindest eine ‹Enkelin› hat sich zu ihm bekannt. Elfriede Jelinek hat Leberts Roman *Die Wolfshaut* «eins der größten Leseerlebnisse» abgewonnen, das später unverkennbar in ihr wuchtiges Romanmanifest *Die Kinder der Toten* (1995) einging.

Erstaunlich wie die Filiationen, die Leberts Werk mit der neueren österreichischen Literatur verbinden, stellt sich auch Leberts Familiengeschichte dar. Die Großmutter mütterlicherseits war die Geliebte des Kaisers Franz Josef, und es scheint nicht ausgeschlossen, dass Ihre Majestät Leberts Mutter Anna oder deren Schwester Helene gezeugt hat. Anna ging die Ehe mit einem kränklichen Fabrikanten ein und brachte 1919 in Wien ihr einziges Kind Hans zur Welt, das sie nach dem frühen Tod ihres Gatten inbrünstig verwöhnte. Ihre Schwester Helene heiratete den Komponisten Alban Berg, und beide Familien verbrachten die Sommerfrische im weststeirischen Trahütten, in einem Forsthaus, wo Berg an der Oper *Woyzeck* arbeitete und sein Neffe prägende Eindrücke empfing. Zum Firmpaten bestellt, schenkte Berg dem Jungen statt einer Uhr eine Schreibmaschine, die Hans prompt dazu anregte, seinem Onkel in linkischen Versen zu huldigen. Mit 16 Jahren nahm Lebert bei einem auf Mozart eingeschworenen Professor Gesangsunterricht, übte aber zu Hause vor allem Wagner-Partien. Nebenher schrieb er weiterhin Lyrik und dilettierte an der Kunstgewerbeschule in Malerei. Indessen stand ihm der Sinn nach einer Sängerkarriere, die 1938 mit einem Engagement als Chorsänger in Kiel eher bescheiden begann, doch angeblich 1941 im «jüngsten Siegfried, den es je gegeben hat» gipfelte. Im selben Jahr erreichte ihn der Einberufungsbefehl, den er ungeöffnet zurückschickte. Eine Untersuchungshaft und Anklage wegen Wehrmachtszersetzung waren die Folgen, aber dank einer simulierten Geisteskrankheit gelang es ihm, sich der Nazi-Justiz zu entwinden. Nach einer kurzen psychiatrischen Internierung brachte er die restlichen Kriegsjahre in der steirischen Koralpe zu, wo er mit Partisanen in Kontakt trat. Bis 1950 ergaben sich noch einige Opern-Auftritte, am spektakulärsten wohl die Partie des Alwa in Bergs *Lulu,* inszeniert von Giorgio Strehler. Inzwischen hatte er sich vermehrt mit Literatur befasst. Es entstanden Gedichte und Erzählungen, darunter die meisterliche Heimkehrer-Novelle *Das Schiff im Gebirg* (1955), das die einstige Ferienidylle von Trahütten in eine tödlich vibrierende Szenerie umbaut. Sieben Jahre schrieb er am summum opus *Die Wolfshaut* (1960), mit dem er seinen wirtschaftswunderlichen Landsleuten unerbittlich die jüngst vergangene, längst verdrängte Barbarei ins Gewissen rief. Der Roman trug Lebert einen Eklat samt Staatspreis ein, um alsbald jener öffentlichen Amnesie anheim zu fallen, die er wortmächtig befehdet hatte. Ein zweiter, künstlerisch problematischer Roman, *Der Feuerkreis* (1971), wurde von der Kritik zerzaust. Daraufhin stellte er die literarische Tätigkeit ein, um sich fortan der Malerei zu widmen. Mit moroser Genugtuung quittierte er die späte Renaissance seines Werks sowie drei literarische Auszeichnungen. Ein Jahr vor seinem Tod 1993 gab er zu Protokoll: «Ich bin sogar etwas lustvoller der Nachtseite des Lebens zugewandt.»

Der Roman *Die Wolfshaut* ist vor allem dies: ein ungebärdiges, hypertrophes Prosagewächs, das aus jeder gewohnten Art schlägt. Wohl hat man es mit einem manierlich gegliederten Text zu tun, der chronologisch über einige sonderbare Begebenheiten während der Wintermonate 1952/53 in einem österreichischen Dorf berichtet. Doch kaum fasst man ihn an, dringt in sein metaphorisch wucherndes Dickicht ein, faucht ein wölfischer Furor daraus hervor, der die redliche Lesehaut unweigerlich erschauern lässt. Schon die erzählerische Instanz stiftet Verwirrung. Ein «Wir» macht sich anheischig, für die dörfliche Gemeinde zu sprechen, um diese zugleich, sekundiert von einem dreist dazwischenschwatzenden «Ich», erbarmungslos zu geißeln. Welcher Gattung soll man das rabiate Gebilde überhaupt zuordnen? Ein Kriminalroman scheint vorzuliegen, denn ein ‹Detektiv›, der Matrose Johann Unfreund, ist darum bemüht, den Suizid seines Vaters zu ergründen und stößt dabei auf eine infame Mordtat. Im Frühjahr 1945 hat die «Ortswacht» sechs Zwangsarbeiter in einer schießwütigen Laune hingerichtet und die Leichen in einer ausgedienten Ziegelei verscharrt. Spukhafte Vorfälle gemahnen an eine Gespenstergeschichte. Dann wieder prasselt eine Bauern- und Provinzschelte, die sich gewaschen hat, auf ein bösartig vertrotteltes Personal nieder. Mit der flugs verdrängten, doch im Verhalten der Menschen fortdauernden Nazi-

Zeit – der «hündischen Dreieinigkeit» aus «Dummheit, Feigheit und Gewissenlosigkeit» – wird abgerechnet. Ein zorniger Moralist liest einer von «motorisierter und mechanisierter Verblödung» befallenen Gesellschaft die Leviten. Ein Übertreibungskünstler karikiert die Opfer seiner grimmigen Beobachtung ins Monströse und entstellt die tobende Gemütlichkeit der Dörfler zu ihrer Kenntlichkeit. Und während es in dieser «parteibraunen Landschaft» ausgesprochen derb zugeht, findet Held Johann den Karabiner seines Vaters wie weiland Siegfried sein Schwert und am mythenträchtigen Himmel machen sich ominöse Krähen bemerkbar.

Der Ort, wo sich die trüben Dinge abspielen, heißt «Schweigen», und er liegt in einer «gottverlassenen Gegend». Freilich dröhnt die Stille bisweilen ohrenbetäubend, und auch an metaphysischen Mächten herrscht kein Mangel. Vor dem entfesselten Pandämonium der Natur nehmen sich die menschlichen Untaten beinahe kläglich aus. Regen, «ein dünnes, weinerliches Gewieschel», verwandelt das Terrain in lehmigen Morast. Schnee zieht der Landschaft «ein weißes Gespensterhemd» über. Der Wind pflügt und peitscht durch die Ödnis. Der Himmel «verkeilt» sich in «starrendem Astwerk», lastet als «Schieferplatte» über der Welt oder wird von einem Gewebe aus platzenden Blutadern besetzt. Am Ende findet Lebert, als hätte ihm das infernalische Spektakel selber das Fürchten beigebracht, ins Allzumenschliche zurück. Der Rächer Johann lässt den Hauptschuldigen, der mittlerweile die Immunität eines Landtagsabgeordneten genießt, laufen und bricht in Gelächter aus. Das Lachen treibt ihm allerdings Tränen in die Augen.

Hans Leberts Roman Die Wolfshaut *ist im Europaverlag, Wien, Zürich 1991, erschienen.*

Das Salz des Greises

Marcel Lévy (1899–1994), gezeichnet von Hanny Fries.

Adrien Turel hat das klirrende Wort vom «Erfolgsstreik» geprägt und dessen praktische Anwendung mit einigem Geschick und entsprechend fatalem Ergebnis gleich selber vorgeführt. Weniger absichtsvoll, aber im gleichen Geist hat Marcel Lévy sein Leben bestritten und in den spätesten Jahren ein Buch hervorgebracht, das dem 93jährigen literarischen Debütanten sogar – horribile dictu – einen gewissen Erfolg bescherte. Vor dreieinhalb Jahren sind die erfrischend grimmigen Reflexionen eines «Versagers» (raté) unter dem Titel *La Vie et moi* in Paris erschienen, und 1996 präsentierte der Zürcher Limmat Verlag eine deutsche Übersetzung des Werks. So hat zuletzt die Wirklichkeit Marcel Lévy, diesen morosen Feinschmecker und Sammler jederlei existentieller Merkwürdigkeiten, mit einem launigen Streich erwischt, indem ihn ausgerechnet die beiden Städte seines heimatlosen Daseins, Paris und Zürich, wenigstens in der Bücherwelt würdig repatriierten.

Ein einzigartiger Fall, dieser Spätling, und je genauer man ihn besieht, desto rätselhafter nimmt er sich aus. Für die Schublade nämlich hat Lévy schon seit Jünglingstagen geschrieben, doch erst mit achtzig hat er sich halbherzig, um ja nichts unversucht zu lassen, um eine Veröffentlichung seiner Texte bemüht. Dass daraus zunächst nichts wurde, scheint ihn nicht weiter gekränkt zu haben. 1899 als Sohn eines deutsch-jüdischen Fabrikanten in Paris geboren, verbrachte er dort eine nicht sonderlich beschwerte Kindheit und besuchte ebenso lustlos wie erfolgreich eine Handelsschule. Nachdem seine Familie 1914 wegen angeblicher Deutschfreundlichkeit des Landes verwiesen wurde, ließ er sich mit seiner Mutter und zwei Geschwistern in Zürich nieder, wo er während seiner übrigen achtzig Jahren als kaufmännischer Angestellter tätig war. Er arbeitete etwa im Kontor einer Seidenfirma oder ging als Vertreter für so unterschiedliche Artikel wie Aussteuer und Wasserhähne auf Kundenfang. Eine im vorgerückten Alter eingegangene Ehe trug ihm neben kärglichen Freuden den umso nachhaltigeren Verdruss der Scheidung ein. Geselligkeit und Freizeitvergnügungen mied er. In mäßigem Umfang wurden ein paar Freundschaften gepflegt. Für höhere Genüsse kam die häusliche Lektüre auf. Zürich diente ihm hauptsächlich als bequemer Verkehrsort für Ausflüge, denn dieses «trübe und leere» Leben wurde von drei Leidenschaften erhellt: Bergtouren, Literatur und Malerei.

Eine unerfreuliche Bilanz, würde man meinen, und Marcel Lévy tut nichts lieber, als uns fortwährend die Fruchtlosigkeit seiner Bemühungen vorzurechnen. Unser Erdenwallen hält er a priori für ein zweifelhaftes Geschäft, im Grunde genommen für eine Zumutung: «Geboren werden ist nur die erste Etappe einer langen schwarzen Serie. Es beginnt damit, dass man sich zur Welt bringen lässt; dann lässt man sich ernähren, unterrichten, erziehen, und so wird man nach und nach das Opfer der Männer, Frauen und Ereignisse. Und daraus wird eine so feste Angewohnheit, daß es einem bald nicht mehr gelingt, sie wieder loszuwerden.» So weit die misslichen Voraussetzungen. Wer nun aber eine Jeremiade, das uns nur allzu geläufige Exerzitium in Wehleidigkeit erwartet, geht fehl. Zwar schimpft Lévy gern auf die Welt, wie sie ist, zumal in ihren neuzeitlichen Entwicklungen und Erscheinungsformen. Technologie und Hektik sind ihm ein Gräuel. Das Streben nach Reichtum vergleicht er mit dem «höchst lehrreichen Schauspiel», wie sich Schweine um einen Futtertrog balgen. Das Kino, das er nur selten aufsucht, empfindet er als «Massenbildungsstätte» zur Verbreitung der Sexualität. Er wundert sich über den Kult der Jugend, dem bejahrte Herren mit Leibchen und kurzen Hosen ihre Freizeit opfern, wenn er früherer Zeiten und gemächlicherer Tempi gedenkt, da die gesellschaftlichen Werte von den Alten bestimmt wurden.

Doch für das Ungeratene, für Pech und Pfusch, die seinen Lebensweg wie anhängliche Hunde begleiten, gibt sich Marcel Lévy unentwegt selber die Schuld. Die Selbstbezichtigung eines Versagers rumort durch das ganze Buch. Lévy bekennt sich zu einem schüchternen, ungerichteten Naturell. Er will sich ständig zu spät oder überhaupt nicht oder dann zuverlässig für das Falsche entschieden und demzufolge alles verpatzt haben: in der Liebe, im Beruf und sogar in den musischen Beschäftigungen, die ihn doch für das Ungemach in den beiden anderen Bereichen hätten entschädigen sollen. So habe er leider öfter die Dame Literatur, «eine zänkische und gestrenge Ehefrau», zugunsten einer «sanften Geliebten», der Malerei, vernachlässigt. Diese wiederum habe er auf seine Wanderpassion gestülpt und sich auf Berglandschaften kapriziert, ein Sujet, dessen Erhabenheit keinerlei gestalterische Originalität dulde. Aber da es unter den zeitgenössischen Künstlern von Genies nur so wimmle, wollte er ohnehin seinen Ehrgeiz darauf beschränkt wissen, «irgendwann ein aufblühender Grasmaler zu werden».

Offensichtlich verfügte Lévy über ein gerüttelt Maß an Eigensinn, den er notfalls gegen besseres Wissen mobilisierte. Wohl handelte er zögerlich, wenn er nicht umhin konnte, sich mit den bestehenden Verhältnissen zu arrangieren, doch in der Verteidigung seiner widerborstigen Haltung bewies er eine erstaunliche Willensstärke und – Heiterkeit. Seufzt er im Buch über manchen Gang, den er mit seinem Vertreterkoffer zu absolvieren hatte, versäumt er nicht, die zahlreichen landschaftlichen Reize zu erwähnen, die er während solcher Mühsal pflücken konnte. Daher lässt er sich auch seine Rückschau nicht ganz verdrießen. Anders als Dante, der die Erinnerung einstmaligen Glücks im Elend für «nessun maggior dolore» erachtete, schmeckt Lévy genüsslich den lichten Augenblicken seines Daseins nach, und sei es nur der Offenbarung eines ersten Fondues. Würde man ausschließlich seinen Exkurs über die Freuden des Büchersammelns lesen, gewönne man den Eindruck, es mit einem ausgewachsenen Lebenskünstler zu tun zu haben.

Kein Wunder, dass Lévy einmal beabsichtigte, eine Anthologie mit anekdotischen, von mancherlei Boshaftigkeit durchsäuerten Häppchen aus der französischen Memoirenliteratur des 18. Jahrhunderts zusammenzustellen, die den Titel tragen sollte: *Die Süße des Lebens.* Diesen Schriftstellern steht der anachronistische Sonderling am nächsten. Sie haben ihm vorgemacht, wie sich aus bitteren Lebenserfahrungen drei unverächtliche Dinge gewinnen lassen: eine hübsche Geschichte, eine nützliche Erkenntnis und nicht zuletzt ein paar kernige Sätze. Denn was das augenzwinkernde Buch von Marcel Lévy in hohem Grad auszeichnet, ist die Bündigkeit und Würze seiner Formulierungskunst.

Marcel Lévys Buch Das Leben und ich. Berichte und Gedanken eines Versagers *ist im Limmat Verlag, Zürich 1996, erschienen.*

In Feuer geträumt

Arthur Machen (1863–1947)

Wer hierzulande die Rede auf Arthur Machen bringt, pflegt auf ein Hebel'sches «Kannitverstan» zu stoßen. Dabei figuriert Machen immerhin in Jorge Luis Borges' ausgesuchter *Bibliothek von Babel*. Henry Miller zählte *The Hill of Dreams* zu jenen hundert Büchern, die ihn am meisten beeinflusst hatten, und der nicht nur für selbst ausgetüftelten, sondern auch weltliterarisch angelesenen Horror zuständige H.P. Lovecraft hielt ihn für einen unübertroffenen Meister des Genres. In England kennen ihn zumindest die Antiquare, während in den USA seit mehreren Dezennien eine Arthur Machen Society zu florieren scheint.

Machen hat stets für sein größtes Glück erachtet, dass es ihm vergönnt war, seine Augen in einem «verzauberten Land» aufzuschlagen. Die ebenso von Hügeln, Wäldern und Bächen wie von geschichtlichen Relikten und Legenden durchzogene Landschaft um Llanddewi bei Caerleon-on-Usk (Monmouthshire) hat seine Einbildungskraft früh in Gang gesetzt. Als einziges Kind eines Pfarrers benutzte er rege die väterliche Bibliothek, und so erstaunt nicht, dass er mit 17 Jahren aufs berufliche Geratewohl nach London übersiedelte und im Buchwesen hängen blieb. Hier war er als Lektor, Korrektor, Bibliograph und Herausgeber tätig, schmökerte in früheren Jahrhunderten, übersetzte daraus einige anrüchige Kuriositäten, unter anderem Casanova, und wurde von den aparten Ältlichkeiten zu eigenen Werken angeregt, indem er eine *Anatomy of Tobacco* (1884) kompilierte und eine angeblich aus mittelalterlichem Latein übertragene *Chronicle of Clemendy* (1888) verfasste. Nach sieben mageren, weitgehend mit grünem Tee, trockenem Brot und Pfeifentabak bestrittenen Jahren in London verbesserten sich seine Lebensumstände. 1887 heiratete Machen eine etwas begüterte Frau, beerbte seine Mutter und konnte endlich unbehelligt seiner literarischen Tätigkeit obliegen. Mit sprachlichem Feingefühl und einer hinterhältigen, die Effekte sorgsam kumulierenden Spannungstechnik ließ er heidnisches Grauen in die Biederkeit der spätviktorianischen Gesellschaft einsickern. Als *The Great God Pan* 1894 mit einem von Beardsley zeitgemäß akzentuierten Umschlag erschien, sprach Oscar Wilde von einem «succès fou». Eine gewaltige Übertreibung! Der einsame Spaziergänger, der mit seiner Bulldogge «Juggernaut» (Moloch) regelmäßig die Quartiere Londons erkundete, blieb für seine Umgebung ein Anonymus. So trat Machen 1901 ohne Neigung und Begabung einer Theater-Truppe bei, und nach diesem zehnjährigen Engagement verdingte er sich widerwillig bei einer Tageszeitung als Reporter. 1919 zog er sich mit seiner zweiten Frau, einer ehemaligen Schauspielerin, endgültig aus der brotberuflichen Fron in ein schlecht bemitteltes Privatgelehrtentum zurück. Inzwischen waren ihm die Verleger gewogen, und Machen belieferte sie stetig mit älteren und jüngsten Produkten seiner Werkstatt, darunter einer höchst anziehenden, elegant geschriebenen Autobiographie. Als er mit 84 Jahren starb, wurde seiner anachronistischen Erscheinung in einem Nachruf der *Times* geziemender Respekt gezollt.

Im Rückblick auf sein Schaffen hat Machen einmal bemerkt, er habe in Lehm gearbeitet und in Feuer geträumt. Nun kann man diese Aussage als Selbsterkenntnis dichterischer Unzulänglichkeit deuten, aber im Grunde genommen bezeichnet sie genau den Inhalt des Romans *The Hill of Dreams*, der mit zehnjähriger Verspätung 1907 erschien. Machen hatte vom Herbst 1895 bis Frühling 1897 unablässig an diesem «Robinson Crusoe der Seele» geschrieben, und die zehrende Not seines Helden Lucian, der in einem schäbigen Londoner Vorort seine Visionen stapelweise zu Papier bringt, ohne ihrem gloriosen Leuchten zu genügen, war zunächst seine eigene. «Es stand ein Glühen am Himmel, als hätten sich die Türen eines großen Feuerofens geöffnet», lautet der erste Satz des Romans, und der letzte Satz lässt die nämliche Glut als Widerschein einer Paraffin-Lampe aus den toten Augen Lucians strahlen. Auch ohne Abendrot ist die Gegend um Caermaen – Machens Caerleon – für den dreizehnjährigen, in sich gekehrten Lucian eine illuminierte Landschaft. Den Straßen bürgerlicher Zweckmäßigkeit abgeneigt, entdeckt er auf den bewaldeten Hügeln eine Terra incognita. Auf geheimen Wegen stapft er durchs Dickicht, gelangt zu verborgenen Wasserläufen, Teichen und Lichtungen, und berauscht sich am Wildwuchs der Natur. Das Gesehene, Belauschte, Erschnupperte gereicht ihm zur sinnesverwirrenden Sensation und treibt in seiner Innenwelt phantastisch-üppige Blüten. Unter den Ruinen eines römischen Forts erlebt der Pubertierende eine geschlechtliche Initiation, wie es überhaupt um seinen Traumhaushalt zunehmend erotisch züngelt und phosphoresziert. Als sich Lucian in das Bauernmädchen Annie Morgan verliebt, will er ihr allein künftig seine glühenden Imaginationen als Geschenk darbringen. Seine traumumflorten Augen verwandeln das walisische Städtchen Caermaen in die Fata Morgana einer orgiastisch belebten römischen Siedlung, und unverzüglich geht er daran, diese und ähnliche Erfahrungen literarisch zu transponieren. Natürlich wird solches Dichten und Trachten von der Umgebung verspottet, und Machen gestattet wiederum seinem Alter Ego, die

Boshaftigkeit der «Barbaren» karikaturistisch aufzuspießen. Dennoch lässt er es nicht beim Gegensatz von genialischem Künstler und banausischem Bürger bewenden. So resolut Machen seinem Helden bis in die abgehobensten Konstrukte nachsteigt, so unnachsichtig beobachtet er dessen Abstürze. Zumal in den London-Passagen wird Lucian immer wieder schmerzlich vom Realitätsprinzip heimgesucht. Von der Gleichgültigkeit seiner Umgebung gepeinigt, zwischen Euphorie und Ernüchterung hin- und hergeworfen, beginnt er an seiner Sendung zu zweifeln. Am Schreibtisch behilft er sich mit Drogen, um die erwünschten Visionen zu erzeugen, und auf den rastlosen Gängen durch unwirtliche Gegenden kann ihn nicht einmal der verlässliche Nebel über die bitteren Realien seines Daseins hinwegtäuschen. Zuletzt bleibt offen, ob Lucian an unzureichender Begabung oder seiner Asozialität zugrunde geht.

In der poetologischen Schrift *Hieroglyphics* (1902) hat Arthur Machen «Ekstase» als untrügliches Kriterium von großer Literatur angegeben. Zwar scheitert Lucian, der im Irrgarten der Ekstase sattsam Taumelnde, und hinterlässt ein unlesbares hieroglyphisches Buch, aber sein Autor hat es in eine Sprache gehoben, die von beträchtlicher Evokationskraft kündet und beide ehrt.

Arthur Machens Roman The Hill of Dreams *ist auf Deutsch unter dem Titel* Der Berg der Träume *im Piper Verlag, München 1994, erschienen.*

Erkundungen
eines Amateurs

Selbstporträt von
Xavier de Maistre (1763–1852)

Xavier de Maistres Herz schlug für Savoyen. Sein Kopf entschied sich für Russland. Seine Feder verschrieb sich Frankreich, «qui est bien aussi mon pays», wie er in einer gutmütigen Laune beteuerte. Immerhin hatte ihn die Revolution 1792 um Heimat und Besitz gebracht, und in der Folge bekämpfte der savoyische Graf als Offizier der russischen Armee den «Höllenmensch» Napoleon. Fünfundsiebzig Lebensjahre verstrichen, ehe er französischen Boden betrat – und erstaunt feststellte, dass man hier sein spärliches Oeuvre schätzte. Dennoch hat ihn der Aufenthalt in Paris nicht betört. Dessen oberflächliche Reize ließ er als anregendes Gebrodel durchgehen; das geschwätzige Chaos im Palais Bourbon – «ein Vulkan» – missfiel dem Legitimisten. Lieber flanierte er durch die Quartiere und hing ältlichen Ehrwürdigkeiten nach. Inzwischen ist er selbst eine geworden, eine Fußnote in der französischen Literaturgeschichte. Für weltliterarische Sterngucker strahlt sein Licht unvermindert.

Xavier de Maistre wurde 1763 als Sohn des savoyischen Senatspräsidenten in Chambéry geboren. Zu seinen neun Geschwistern gehörte der grimmige Restaurationstheoretiker und Diplomat Joseph de Maistre, dessen Gesinnung Xavier weitgehend teilte. Im Unterschied zum zielstrebigen Bruder galt Xavier eher als träge und zerstreut. Mit 18 Jahren trat er in die Armee des sardischen Königreichs ein und rückte bis 1797 in den Rang eines Hauptmanns auf. Militärische Pflichterfüllung war ihm ebenso genehm wie die Freizeit, die er für wissenschaftliche Studien, Malerei und – keineswegs vorrangig – für literarische Interessen nutzte. Ein Liebhaber neuzeitlicher Kuriosa, stieg er 1784 auf einer Montgolfiere tausend Meter hoch, um danach dieses «aerostatische Experiment von Chambéry» in einem Memorandum zu feiern. Fünf Jahre später schwang er sich aus einem 42tägigen Stubenarrest, den er wegen eines Duells absitzen musste, in die schwerelose Prosa seiner *Voyage autour de ma chambre*. Bruder Joseph ließ sie 1795 in Lausanne drucken, und beflügelt vom Erfolg des Büchleins, schickte ihm Xavier die allerdings erst 1825 publizierte *Expédition nocturne autour de ma chambre* nach. Mit drei weiteren, in ihrer Art durchaus gelungenen Erzählungen sollte sich sein literarischer Ehrgeiz erschöpfen.

Nach der Auflösung der sardischen Armee schloss er sich 1799 dem russischen Expeditionskorps Suworows an und begleitete den unglücklich operierenden General bis nach Moskau, wo Xavier den Abschied nahm. Eine Zeitlang fristete er dort als Porträtmaler seinen Unterhalt, doch 1805 verschaffte ihm der zum sardischen Botschafter in St. Petersburg avancierte Bruder einen wissenschaftlichen Direktionsposten bei der Admiralität. Zwei Jahre später zog es ihn wieder zu den Waffen. Für seine Leistungen im Kaukasus, in Georgien und den europäischen Befreiungskriegen wurde er mehrfach ausgezeichnet und zuletzt zum Generalmajor ernannt, bis er 1816 dem militärischen Wesen endgültig entsagte. Inzwischen hatte er die kaiserliche Hofdame Sophie Zagriatzki geheiratet, die ihm eine behagliche, zwischen Muse und Muße pendelnde Lebensweise ermöglichte. Die beiden waren einander herzlich zugetan, und nur der Verlust sämtlicher vier Kinder hat ihr Glück getrübt. Von 1825 bis 1839 zog das Paar mit wechselnden Domizilen durch Italien. Dessen Landschaft wurde von Xavier begeistert eingesogen und gemalt, und wenn ein Verleger Literarisches von ihm begehrte, empfahl er ihm den Genfer Freund Rodolphe Toepfer, der den Idealen «Einfachheit und Gefühl» würdiger entspreche. So blieb er bis ins hohe Alter guter Dinge. Ein paar Monate vor seinem Tod 1852 verriet Xavier de Maistre sein eudämonistisches Geheimrezept: «Ich bin zeit meines Lebens stets ein wenig Kind gewesen.»

Wer reist, durchmisst Raum und Zeit. Der eine schwört auf den Weg, der andere auf das Ziel. Irgendwo anlangen möchte wohl jeder, am förderlichsten bei sich selbst. Xavier de Maistres *Reise um mein Zimmer* muss mit einem äußerst bescheidenen Raum-Zeit-Pfündchen wuchern. Zur Verfügung stehen 42 Tage und ein Rechteck von 36 Schritt Umfang. Der Lustwandelnde hat sich das enge Terrain nicht ausgesucht, sondern büßt hier zur Unzeit, während draußen der Turiner Karneval lockt, eine Haftstrafe ab. Am Beginn seines Reisens stünde somit die Vereitelung solchen Tuns, aber Xaviers munterer Bewegungsdrang macht aus der Not eine Tugend, aus Hindernissen geeignete Vehikel, um der Einbildungskraft auf die Sprünge zu helfen. Wurde dem Arrestanten die Außenwelt entzogen, will er zumindest das Universum erkunden. Phantasie ist ihm ein und alles, allmächtiges Zaubermittel und «bezauberndes Land». Und damit der tour d'horizon den nötigen Tiefgang erhält, sucht das wandernde Subjekt erst einmal sich selber auf die Schliche zu kommen. Seine Introspektion entdeckt ein launenhaft-zerklüftetes Wesen, bestehend aus den Hälften «Seele» und «Tier», die leider selten zusammenfinden. Während also der Leib namens Tier auf dem Lehnstuhl Bequemlichkeit anstrebt, ist es seinem agilen Kollegen unbenommen, sich in einer Postkutsche zu wähnen und der Phantasie die Zügel schießen zu lassen. Denn was immer die unbotmäßigen Zwillinge miteinander anstellen, sie schaffen im Zuge ihrer Explorationen einen höchst vergnüglichen Text.

Der Zimmerwanderer, ein dezidierter Welt- und Menschenfreund, folgt seinen beiden Spießgesellen unermüdlich auf ihren abwegigen Einfällen, Gedanken-Triften und assoziativen Gleitbahnen. Während etwa das «Tier» ein Bildnis der Madame de Hautcastel vom Staub befreit, schießt die Seele «wie eine Sternschnuppe vom Himmel nieder», um sich am Anblick der geliebten Frau zu ergötzen. Oder das rosen- und weißfarbene Bett bringt die Erinnerung an einen Ausflug mit der «reizenden Rosalie» zum Erglühen, deren ähnlich kolorierte Wangen, Lippen, Zähne und «Alabasterhals» ihrem Anbeter noch jetzt die Sprache verschlagen. Zweifellos neigt der empfindsame Reisende zum Enthusiasmus, aber er kennt auch Jammer und Elend. Dann «zieht die Morgenröte am Himmel empor; die düstren Gedanken, die mich heimsuchten, verschwinden mit der Nacht».

Am schönsten erfolgt diese Wende in der *Nächtlichen Entdeckungsreise um mein Zimmer*. Mittels einer Leiter hat Xavier die Fensterluke seiner Turiner «Eremitage» bestiegen und sitzt nun rittlings auf dem Sims. Links unten gähnen seine Habseligkeiten, rechts oben wölbt sich der gestirnte Himmel und regt zu erhabenen Gedanken an. Da erklingt von einem tiefer gelegenen Balkon eine unwiderstehliche Romanze. Xavier riskiert sogar einen tödlichen Sturz, um die Sängerin zu betrachten. Als die Sirene nach beendigtem Gesang einen Pantoffel auf der Szene hinterlässt, überfließt er vor Begeisterung. Zwar weiß der aufgewühlte Metaphysiker nicht, wie ihm geschieht, indessen steht fest: Vor dem grazilen Schuhwerk muss die Pracht des Himmels weichen.

Xavier de Maistres beide Reisen um mein Zimmer *sind 1968 bei Winkler in München und 1976 bei Gustav Kiepenheuer in Weimar erschienen.*

Grabesunruh

Edgar Lee Masters (1869–1950)

Die Zucht oder Zunft der Literaten kennt den Typus des homo unius libri. Im Grunde vertritt er eher einen Bücher- als einen Menschenschlag, und keineswegs den schlechtesten. Das Merkmal des Einzigen fällt rühmlich auf den Urheber des jeweiligen Buches zurück und weist ihn als singuläre Erscheinung aus – solange er's bei diesem einen Werk bewenden ließ. Doch wehe, er hat wie der amerikanische Dichter Edgar Lee Masters neben dem gefeierten Geistesspross einige Dutzend weniger gelungene Sprösslinge gezeugt! Da mögen im Nachhinein Zweifel an der Qualität solcher Einmaligkeit aufkommen: so – und mit Unrecht – geschehen bei der großartigen *Spoon River Anthology* (1915). Gewiss, damit können es Masters übrige Gedichte, Theaterstücke, Romane, Essays und Biographien nicht aufnehmen. Was tut's? Zur gegebenen Zeit haben spezifische Lebenserfahrungen und künstlerische Fähigkeiten eben genau jene Voraussetzungen erfüllt, auf welchen das lyrisch-episch-dramatische Meisterwerk beruht.

Edgar Lee Masters stammt aus dem Mittleren Westen. Im Dorf Petersburg (Illinois) verbrachte er seine Kindheit, am liebsten auf der unweit gelegenen Farm seiner Großeltern. 1880 zog die Familie vierzig Meilen weiter nach Lewistown, wo er die High-School durchlief und auf Drängen seines Vaters, eines Staatsanwalts, Jurisprudenz studierte. Schon damals zeichnete sich die Karriere eines Poet-Lawyer ab. Masters war ein unersättlicher Bücherverschlinger, der alsbald daran ging, selber sein Schreibglück zu versuchen. Es entstanden manierlich gedrechselte Gedichte und journalistische Texte, die er in den Zeitungen von Chicago und St. Louis publizierte. Nach seiner Anwaltsprüfung übersiedelte er 1892 nach Chicago, wo er vorerst in Partnerschaft mit Kollegen, von 1911 bis 1924 in eigener Regie eine Praxis führte. Seine sechs Theaterstücke gingen in Ruh und Schweigen unter. Auch die pseudonym vertuschten Gedichtbände trugen ihm wenig Ruhm ein. Obwohl er dazu neigte, seine juristische Tätigkeit als Brotberuf abzuwerten, erwies er sich als tüchtiger Anwalt, der seine Fälle vor Gericht zäh und gewandt verfocht. Die Großstadt behagte dem Liebhaber ländlicher Lustbarkeiten nicht, aber als es in den literarischen Kreisen Chicagos, zumal um die 1912 von Harriet Monroe gegründete Zeitschrift *Poetry* experimentell brodelte, schlug ihm dieses Klima prächtig an. Mannigfach angeregt – unter anderem durch eine Sammlung griechischer Epigramme – schrieb Masters seine *Spoon River Anthology*, die ihn sozusagen über Nacht zum Exponenten einer literarischen Bewegung machte. Vermutlich handelt es sich um den erfolgreichsten Gedichtband des Jahrhunderts. Das unversehens gewonnene Prestige blieb Masters lebenslang erhalten, aber er konnte sich nicht ungetrübt daran freuen. In den folgenden Jahren kränkelten der Körper, die Ehe, die Anwaltspraxis sowie die finanzielle Lage. 1923 ließ er sich als freier Schriftsteller in New York nieder und heiratete eine um dreißig Jahre jüngere Verehrerin. Dennoch bewohnte er sein neues Heim, eine kleine Suite im nachmals berühmten Chelsea Hotel, mehr oder weniger allein. Indessen wurden ihm – laut seinem Sohn – die drei unverzichtbaren Lebensgüter «Frauen, Bücher, Alleinsein» dauerhaft zuteil. Sein Schaffensquell sprudelte unverdrossen, ohne viel Aufsehen zu erregen. Die letzten Jahre brachte er in einem Pflegeheim in Pennsylvania zu, und 1950 war es dann so weit, dass er auf dem Grabhügel in Petersburg zu jenen Landsleuten gebettet wurde, die er einst glorios zu weltliterarischem Leben erweckt hatte.

«All-alle schlafen sie hier am Hügel» lautet der Refrain des Eingangsgedichtes zur *Spoon River Anthology* (Die Toten von Spoon River), ein Befund, der unverzüglich 244-Mal auf einer entsprechenden Menge von Seiten widerlegt wird. Der Friedhof dient buchstäblich als erinnerungsgesättigter Humus, der die Einbildungskraft des Dichters nährt. Masters hält Rückschau auf die Stätten seiner frühen Jahre, Petersburg und Lewistown, die er zu einer fiktiven, nach dem realen Fluss Spoon River benannten Ortschaft zusammenlegt. Er selber kommt darin nur als apollinische Instanz vor: als altgedienter Lorbeerbaum, der mit seinen welken Blättern die «Gedächtnisurnen» bekränzt. Wenn er die einzelnen Seelen aus den Gräbern zitiert, mengt er sich nicht in den Chor ihrer Stimmen, und es fällt sogar schwer, unter der wimmelnden Population seine Favoriten herauszuspüren. Dabei liegt es nahe, an eine Situation zu denken, die Masters von seinem Beruf her vertraut war. Die Figuren treten in den Zeugenstand, tragen möglichst bündig, aber nach dem gelockerten Maß des freien Verses ihre Sache vor und verschwinden wieder. Der skandalöse Reiz ihrer Zeugnisse liegt freilich darin begründet, dass sie allesamt die Schwelle des Todes überschritten haben.

Was brennt ihnen auf der Zunge, das sie der Nachwelt mitteilen wollen? So viel steht fest: Verklärung ist nicht angesagt, Gelassenheit ist nur wenigen gegeben, und der fromm beschriftete Granit, der ihres Daseins gedenkt, stößt auf ihren Widerspruch. Wie eh und je sind sie dem Diesseits verhaftet und daher vorzüglich geeignet, ein ungeschminktes Bild kleinstädtischen Lebens zu liefern. Darin geht es zumeist unerquicklich zu. Der staatlich empfohlene pursuit of happiness wird von eitlen Hoffnungen, schierem Pech, Intrigen, Fehlschlägen und Kriminalität durchzogen. Man strampelt nach Reichtum und Macht, bleibt auf der Strecke oder gelangt zu heilsamer Ernüchterung. Man entflammt in Liebe und endet in lauer Ehe, die man durch Seitensprünge austarieren möchte. Politik und Geschäft erhitzen die Köpfe und lassen sie schmerzlich aufeinanderprallen. Je nach seiner Art erscheint dem einen das Leben als Hühnerhof, dem andern als darwinistisches Gerangel, dem Spieler als verlustreiche Angelegenheit, der Wäscherin als Bündel abgetragener, schmutziger Kleider. Am besten ergeht es dem Geiger Jones, der sich damit begnügt hat, den Mitmenschen zum Tanz aufzuspielen.

Trotz der finsteren Motive stimmt das Epos von Spoon River kein ödes Lamento an. Allein der Umstand, dass die Toten ihr verflossenes Ungemach höchst vital zum Ausdruck bringen, deutet auf eine grundsätzliche Lebensbejahung. Der Leser kann die Anthologie dieser Bekenntnisse auch als Hymne an die menschliche Vielfalt auffassen. Jedem Individuum wird das unverwechselbar Seinige geben, Freuden, Leiden, ein paar Einsichten und zuletzt, o Herr, der eigene Tod. Die Schicksale verschlingen sich so aufregend, dass man allemal gern von ihnen Kenntnis nimmt. Und dann diese appetitlich funkelnden 244 Namen! Wer möchte da nicht sein eigenes Namensscherflein beisteuern und mittun?

Edgar Lee Masters' Die Toten von Spoon River (Spoon River Anthology) *ist 1959 im Zürcher Artemis Verlag erschienen.*

Der getanzte Alptraum

Horace McCoy (1897–1955)

Zwischen E und U, dem Kioskheftchen und der angeblich seriösen Literatur klafft hierzulande ein Abgrund. In den USA der zwanziger und dreißiger Jahre gelang es den Autoren eines der anrüchigen Pulp Magazines, in den einwandfreien Papieren des New Yorker Verlages Alfred Knopf unterzukommen. Zwar pries *Black Mask* in greller Aufmachung nichts anderes an als *smashing detective stories* für 15 Cent, aber diese hatten – laut dem Herausgeber Joseph T. Shaw – bestimmten Kriterien zu genügen: «Wir wollten Einfachheit um der Klarheit, Wahrscheinlichkeit und Glaubwürdigkeit willen. Wir wollten Handlung, aber wir hielten Handlung für sinnlos, wenn sie nicht erkennbare menschliche Persönlichkeit in dreidimensionaler Form einschloss.» Shaw verstand es, für dieses Programm Dashiell Hammett, Raymond Chandler und den hier zu würdigenden Horace McCoy zu rekrutieren, und es fügt sich, dass die drei Meister der ersten «hartgesottenen» (hard-boiled) Generation nicht nur von Knopf, sondern ab 1945 auf Französisch auch vom ehrwürdigen Hause Gallimard betreut wurden. Dort erschienen sie in unmittelbarer Nachbarschaft zu den Existentialisten, die ein ähnliches Lebensgefühl mit den amerikanischen Kollegen verband. Daher konnte McCoy 1947 zu seiner Verblüffung in der Zeitschrift *Vogue* lesen, dass unter den Pariser Intellektuellen gerade ein seltsames Dreigespann amerikanischer Schriftsteller im Gespräch sei: Hemingway, Faulkner – und eben McCoy.

Vermutlich ist Horace McCoy selber vom amerikanischen Traum, den er unerbittlich durchschaute und bekämpfte, nie ganz losgekommen. 1897 geboren, wuchs er als einziger Sohn einer schlecht bemittelten Familie in Nashville (Tennessee) auf. Mit sechzehn Jahren verließ er das Elternhaus und jobbte einige Jahre als Mechaniker, Handelsreisender und Taxifahrer. Während des Ersten Weltkriegs diente er bei den Fliegertruppen in Frankreich und wurde 1919, dekoriert mit einem Ehrenkreuz, aus der Armee entlassen. Für die nächsten zehn Jahre trat er als Journalist dem *Dallas Journal* bei, wo er mit sensationellen Meldungen auftrumpfte, die sich allerdings zumeist als Lügengewebe entpuppten. Indessen konnte man dem sympathischen Weltfremdling nicht ernstlich gram sein und versetzte ihn in die Sportredaktion. Seine Phantasie beschwichtigte er fortan beim Schreiben von Kurzgeschichten. So belieferte er von 1927 bis 1934 *Black Mask* mit 17 Erzählungen, die insbesondere die Abenteuer des Captain Jerry Frost, eines fliegenden Texas Rangers, fabulierten. Nebenbei heimste der attraktive, athletisch gebaute McCoy als Gelegenheitsschauspieler einer lokalen Bühne einige Lorbeeren ein, und sein leicht erregbares Wunschdenken bewog ihn 1931, das Glück in Hollywood zu suchen. Dort reichte es zwar einstweilen nur zum Komparsen, 1934 immerhin zu einer zweiten Ehe mit der Tochter eines Erdölmagnaten. Mit seinem bestechenden Erstlingsroman *They Shoot Horses, Don't They?* (1935) schaffte er wohl nicht gerade den Durchbruch, aber die grimmige Parabel auf die damals aktuelle soziale Misere machte ihn hinlänglich bekannt, um ihm für den Rest seines Lebens ein leidliches Auskommen als Drehbuchautor zu sichern. In wechselnden Anstellungen und zu einem Wochenhonorar, das sich von 50 auf 1000 Dollars steigerte, schrieb er für die Filmindustrie über dreißig Storys und Drehbücher. Dazwischen entstanden seine fünf übrigen Romane: suggestiv-düstere Bilder einer von Bestechung und Gewalttätigkeit unterminierten Gesellschaft, verfasst in einem Stil, den ein zeitgenössischer Kritiker als «merkwürdige, wenn auch nicht unwirksame Mischung aus Unterwelts-Argot und dem Impressionismus eines Poeten» charakterisierte. Horace McCoy starb 1955 in Hollywood an einem Herzinfarkt.

Gelegentlich überdauert ein literarisches Werk im Kino. Schon Chaplin hatte eine Verfilmung von McCoys frühem Roman erwogen, doch erst ein vom Vietnamkrieg gezeichnetes Klima dürfte es 1969 dem jüngeren Hollywood-Regisseur Sidney Pollack erlaubt haben, *They Shoot Horses, Don't They?* für die Leinwand zu adaptieren, mit einer Jane Fonda, die noch nichts von ihrer aerobischen Verirrung ahnen ließ. In Amerika und Deutschland wurde daraufhin das Buch neu aufgelegt, und vor allem Jürg Federspiel setzte sich in einem *Weltwoche*-Artikel für die Renaissance von McCoys literarischem Schaffen ein. Leider ist sie bis heute ausgeblieben.

Nun bietet *They Shoot Horses, Don't They?* keine erquickliche Lektüre. Erzählt wird die Geschichte von Gloria und Robert, zwei in Hollywood gestrandeten Existenzen, die an einem Tanzmarathon teilnehmen. Dieser findet in einem schäbigen Casino statt, das sich auf einem ins Meer hinausgebauten Vergnügungspier befindet. Während der Ozean von unten die Bühne bespült, rackern sich oben 144 Paare ab, die eine mörderische Konkurrenz bestreiten. Ein endloses zeitliches Fließband, das bei zweistündigen Tanzperioden nur gerade zehnminütige Pausen gestattet, peitscht ein ohnehin verelendetes Personal in den gesundheitlichen Ruin. Zur Erheiterung des Publikums wird täglich ein Derby-Rennen ausgetragen, bei dem jeweils ein Paar auf der Strecke bleibt. Im Übrigen produziert die Lustbarkeit Schweiß, Gestank,

Krämpfe und Prügeleien. Dem robustesten Paar winkt ein Preis von 1000 Dollars. Bewegung ist alles bei diesem zappelnden Mikrokosmos, der über den wirtschaftlichen Leerlauf und den moralischen Bankrott der Depressionszeit hinwegtäuschen soll.

Gloria und Robert, das vom Zufall und für den befristeten Zweck solchen Purgatoriums aneinander gekettete Heldenpaar, könnten unterschiedlicher nicht sein. Während der gutmütige Robert darauf hofft, einst als Filmregisseur Karriere zu machen und vielleicht sogar an diesem trostlosen Ort eine wichtige Beziehung zu knüpfen, wünscht sich Gloria inständig, ihr verpfuschtes Leben zu beenden. Nichts ist anrührender als Robert, der jeden Nachmittag den Moment herbeisehnt, da er sich in einem durch ein Fenster einfallendem Sonnendreieck wiegen darf, und nichts triftiger als Glorias bissige Bulletins zum Stand der Dinge. «Diese ganze Geschichte ist bloß'n Karussell» – ein «merry-go-round», sagt sie mit feinem sarkastischen Gespür für die im «merry» verheißene, hintertriebene Fröhlichkeit. Und als eine «Mutterliga zur Hebung der Moral» puritanische Morgenluft wittert und den vorzeitigen Abbruch des Marathons erzwingt, zeiht sie deren Vertreterinnen in einer fulminanten Schmährede der Heuchelei. Dennoch trifft sich zuletzt das Paar in tödlicher Eintracht, da Robert – der als Kind erlebte, wie sein Großvater ein verwundetes Pferd mit einem Gnadenschuss erlöste – aus reiner Barmherzigkeit Glorias verzweifeltem Bedürfnis entspricht und sie erschießt. Dafür wird er vom Gericht zum Tode verurteilt, ein Verdikt, das der Autor lieber den von ihm so eindringlich dargestellten sozialen Verhältnissen gesprochen hätte.

Horace McCoys Roman They Shoot Horses, Don't They? *ist auf Deutsch unter dem Titel* Ums nackte Leben *bei Blanvalet, Berlin 1955, erschienen.*

Gerhard Meiers anderer Tag

Gerhard Meier (geb. 1917)

Gehört er mittlerweile zu den Arrivierten? Hat er die appellation incontrôlée des Geheimtipps abgestreift und jene hunderttausend Leser gefunden, die einst Hesse im Hinblick auf eine bessere Welt Robert Walser wünschte? Gerhard Meier hat es nie an «Kundschaft» gefehlt, wie der Autor seine treuen Leser zu bezeichnen liebt. Diese Gemeinde ist stetig angewachsen, aber Hinz und Kunz hat das zu keinerlei Moden taugende Werk nicht rekrutiert. Ebenso wenig ist zu befürchten, dass es je in die Fänge von Reich-Ranicki und seiner Crew geraten würde. Ein Liebhaber des Gewöhnlichen, der unumwunden erklärt, ihn bewege, «was zwischen dem, was geschehe – geschehe», entzieht sich der ‹fernsehgerechten› Debatte und streut Sand ins sonst so reibungslos funktionierende Getriebe der Kritiker-Eitelkeiten. Dennoch wurde Gerhard Meier früh erkannt, gefördert, mit international renommierten Preisen ausgezeichnet, hochgeschätzt von Kollegen, umworben von seinen Lesern. Wie immer es um seine Präsenz in der literarischen Öffentlichkeit bestellt sein mag, so viel steht fest: Heute kann er auf ein reiches, in seiner Konsistenz und Folgerichtigkeit einzigartiges Oeuvre zurückblicken.

Für Gerhard Meier bedurfte es eines langen Umwegs, um

mit vierzig Jahren die literarische Tätigkeit aufzunehmen, und doch hat keiner die via regia seines Schaffens zielstrebiger abgeschritten. Schon der Primarschüler verfasste unter dem Beifall seiner Lehrer Gedichte, die er während der Schulstunde ins Reine schreiben durfte. Einige Jahre später wurde ihm die Begegnung mit Tolstois Erzählung *Wieviel Erde braucht der Mensch?* zum aufwühlenden Ereignis. Als er Mitte der dreißiger Jahre in Burgdorf Hochbau studierte, konnte er sich vor dem Sog der Literatur nur durch eine radikale Wendung retten. Gerhard Meier brach sein Studium ab, heiratete, trat als Arbeiter in eine Lampenfabrik seines Heimatdorfs ein und gestattete sich während der folgenden zwanzig Jahren kaum mehr, ein Buch zur Hand zu nehmen. Erst der Aufenthalt 1956/57 in einem Sanatorium, wo er eine Lungenkrankheit auskurierte, brach den Bann und ermöglichte ihm, «wieder einzusteigen, heimzukehren in die Literatur». Das gelang nicht auf Anhieb. Mit Hilfe eines grammatischen Lehrbuches galt es, das handwerkliche Rüstzeug zu erwerben. Frühe tastende Versuche in Lyrik blieben in Konventionen befangen. Bereits der erste Gedichtband *Das Gras grünt* (1964) schlägt aber den unverwechselbaren Meier'schen Ton an, der – vielfältig moduliert und angereichert – die künftigen Gedichte, Prosaminiaturen und Romane durchzieht, um in der Tetralogie *Baur und Bindschädler* (1979–1990) seine ausgereifte Klangfülle zu erlangen.

Man hat sich daran gewöhnt, das letztere Werk als bedeutendste dichterische Leistung Gerhard Meiers zu begreifen. Das kurze Gedächtnis des Marktes tut ein Übriges, die weiter zurückliegenden Bücher aus dem Bewusstsein zu verdrängen. Zu Unrecht! Was ihnen gegenüber den späteren Texten an Raffinement und Gelassenheit abgeht, machen sie durch Frische und Einfallsreichtum wett. So etwa das 1974 erschienene «Prosastück» *Der andere Tag*. Auch heute noch spürt man darin die Erregung des Autors, den es nach «Grasland», dem bislang von ihm unerforschten Terrain längerer Prosa gelüstete. Zwar hält der erzählerische Atem jeweils nach wenigen Seiten inne, doch gegen die Zerstückelung tritt eine Kohäsionskraft auf den Plan, welche die 32 Abschnitte zwanglos vereinigt. Gerhard Meier hat es faustdick hinter den Ohren, wenn nicht den eigenen, so doch jenen des Papageis im Zoo-Haus «Arakanga», der sich dort eingangs des Buches rechtsseitig und ausgangs des Buches linksseitig kratzt. Zwischen diesen beiden animalischen Gebärden legt er nämlich nichts Geringeres vor als eine Art Schöpfungsbericht. «Da ward» – nach dem Vorbild von Luthers Bibelübersetzung – «aus Abend und Morgen der andere Tag»: ein dörflicher Alltag, versteht sich, der aber mehr als genug Anlass zur Daseinsfeier bietet.

Der Berichterstatter liefert sich mit allen Sinnen dem Wahrgenommenen und den Sätzen aus, die davon Kunde geben. So entsteht ein anmutiges Gestöber aus scheinbar regellos durcheinander wirbelnden, in Wirklichkeit höchst kunstvoll und sinnreich arrangierten Nachrichten: eine poetische Zeitung, die sogar einen Kommentarteil aufweist. Er wird vom Gespann Kaspar und Katharina betreut, wobei letztere in konjunktivischer Mutmaßlichkeit preisgibt, was ihrem Gatten durch den Kopf geht. Vorerst aber wird emsig registriert, was der Fall ist. Die dörfliche Bevölkerung macht sich geltend, wobei zugleich ihrer toten Vorfahren gedacht wird, deren 212 Knochen säuberlich aufgereiht in der Erde liegen. Die Jahreszeiten halten Einzug und sorgen für unterschiedliche Witterungen, Lichteinfälle wechseln mit Schattenspielen, und «inzwischen wächst Gras». Von den Würmern wird eine kühne Volte zu den Vögeln geschlagen oder ein kurzer Weg durch deren Schnäbel zurückgelegt. Der Trauerzug der Anna O. hat bald einen Güterzug zu gewärtigen, später den Vergleich mit sowjetischen Staatsbegräbnissen, doch vor allem löst sich aus einem Kranz eine Lilienblüte, «zögert, fällt, um dann vom Trauergeleite zertreten zu werden».

Gerhard Meiers Schöpfungsbericht ist keine positivistische Pflichtübung, sondern ein großartiges Exerzitium in poetischem Zartsinn. So inständig ist er darum bemüht, jeder Erscheinung ein ungeschmälertes Daseinsrecht einzuräumen, dass sich die Dinge unversehens beleben und die Natur anthropomorphe Züge annimmt. Ein Kavalleristen-Denkmal «obliegt jetzt der Nachtruhe», das Licht «vergibt sich in Nuancen», Bäume «räuspern» sich, Zweige «geben sich den sanften Zwängen des Südwinds hin». Und wenn im Verlauf des Buches die Langenthal-Jura-Bahn dank neuer Triebwagen statt wie bisher zu «hüpfen», lediglich «daherzufahren geruht», scheint Bedauern über den Verlust eines dichterischen Mehrwerts mitzuschwingen.

Beiläufig steht der Satz – und man ist geneigt, ihn als heimliches Credo aufzufassen: «Vorgefundenes neu zusammenzusetzen, mag das Neue sein, das nicht geschieht unter der Sonne.» Dieses Neue macht das Beglückende an den Büchern von Gerhard Meier aus, und dafür wollen wir, seine Leser, ihm heute danken.

Gerhard Meiers Prosastück Der andere Tag *ist im ersten Band der Werkausgabe, Zytglogge Verlag, Bern 1987, erschienen.*

Der Pfarrer und sein Töchterlein

Johann Wilhelm Meinhold
(1797–1851)

Eine kleine Schrift von Howard Phillips Lovecraft, *Supernatural Horror in Literature* (1927), beweist, dass der Meister seines Fachs auch seinesgleichen – ältere und zeitgenössische Kollegen – vorzüglich kennt. Auf gerade achtzig Seiten führt er weltweit in das haarsträubende Genre ein, und wer ihn als Ratgeber benutzt, wird selten um den erwünschten Schrecken betrogen. Von deutschen Autoren werden insbesondere zwei Werke empfohlen: Fouqués Märchen *Undine* und – was zunächst überraschen mag – der Roman *Die Bernsteinhexe* des pommerschen Pfarrers Johann Wilhelm Meinhold, dem Lovecraft eine täuschend realistische Darstellung übernatürlicher Erscheinungen attestiert. Tatsächlich wurde die kurz nach der Erstausgabe übersetzte *Amber Witch* im angelsächsischen Bereich begeistert aufgenommen, und ein New Yorker Kritiker witterte in Meinhold gar den «neuen Walter Scott der Deutschen». Auch bei uns ist man nicht unbedingt auf Lovecrafts Fürsprache angewiesen. Volkskundliche und okkulte Interessen haben dafür gesorgt, dass zur Zeit drei verschiedene Ausgaben der *Bernsteinhexe* vorhanden sind.

Dafür haben sich die Germanisten wenig um Meinhold gekümmert, der 1797 auf einer Landzunge von Usedom geboren wurde und den größten Teil seines Lebens auf dieser Ostsee-Insel verbrachte. Sein Vater, ein kauziger Pastor, der auf ein nächtliches Wachsein und Wasserkuren schwor, bescherte ihm eine buchstäblich frostige Kindheit, da er seinen Sohn bei winterlichen Temperaturen im Freien unterrichtete. 1813 kam der zur Ungeselligkeit erzogene Junge an die Universität Greifswald, wo er den Spott der Kommilitonen prügellustig parierte. Der Theologieprofessor und Idyllendichter Kosegarten nahm den Ungebärdigen unter seine Fittiche und ermunterte ihn zu literarischen Versuchen. Nach dem Abschluss eines Philosophie- und Theologiestudiums arbeitete Meinhold als Hauslehrer, um danach die Prädikantenstelle beim ersten Prediger in Gützkow, seinem künftigen Schwiegervater, zu erhalten. Trotz seines polternden Auftretens verstand er es, die Protektion einflussreicher Persönlichkeiten zu gewinnen. So verschaffte ihm der pommersche Oberpräsident Sack 1820 ein Rektorat, kurz darauf eine Pfarre in Koserow und 1826 eine lukrativere geistliche Stelle in Krummin. Jean Paul und Goethe lobten punktuell seine dichterischen Bemühungen. König Friedrich Wilhelm IV. beförderte höchsteigen die *Bernsteinhexe* in den Druck und vermittelte ihm 1844 das Pfarramt in Rehwinkel bei Stargard. Als Seelenhirte von bäurischem Zuschnitt mag er eine kuriose Figur abgegeben haben: leutselig und schroff zugleich; ein gelehrter Stubenhocker mit streng geregelten Spaziergängen; ein streitbarer Publizist, der im Revolutionsjahr 1848 kein Hehl aus seiner konservativen Gesinnung machte. Neben Gedichten, heimatlichen Impressionen, christlichen Apologien und geschichtlichen Dramen verfasste er kernige Broschüren zum Tagesgeschehen. Seinen beiden ambitionierten Hexen-Romanen lieferte er sonderbare Begründungen nach. Hatte er ursprünglich die *Bernsteinhexe* (1843) als Chronik aus dem Dreißigjährigen Krieg fingiert, wollte er auf diese Weise angeblich die philologische Bibelkritik ad absurdum führen. Und da seine Urheberschaft bezweifelt wurde, glaubte er mit der späteren *Sidonia von Bork, die Klosterhexe* (1848) den Beweis antreten zu müssen, dass das archaisierende Sprachkleid der *Bernsteinhexe* tatsächlich von ihm stammte. Ein von der Lektüre Svedenborgs genährter Geisterglaube entfremdete ihn immer mehr dem Protestantismus. So legte er 1850 sein Amt nieder und bezog, dem Ruf seines Königs folgend, ein Häuschen in Charlottenburg. Ein Jahr später hinderte ihn ein Hirnschlag am beabsichtigten Übertritt zur katholischen Kirche.

Was immer Meinhold 1843 dazu bewogen hat, mit der frei erfundenen *Maria Schweidler, die Bernsteinhexe* – so der ungekürzte Titel – als «Herausgeber» aufzutreten, die Mystifikation eines unter dem Chorgestühl der Kirche von Koserow entdeckten Manuskripts aus dem 17. Jahrhundert hat das Leseinteresse allzu sehr auf die fragliche Authentizität des Stoffes gelenkt. Dabei handelt es sich um ein literarisches Meisterwerk. Die chronikale Form, die zu kompositorischer Lässlichkeit verführen könnte, nutzt Meinhold souverän für seine Zwecke, am reizvollsten gerade dort, wo sich seine eigenwilligen Intentionen am herkömmlichen Muster, die Rollenprosa am sachlichen Bericht reiben. Dem getreu buchführenden Chronisten, Pfarrer Abraham Schweidler, fährt unentwegt der aufgewühlte Vater in die Parade, der ja auch schlimm genug von den Begebenheiten gepeinigt wird. Im Grunde genommen erzählt er vier Geschichten aufs Mal. Während er, besorgt um das Wohl seiner Gemeinde, die marodierende kaiserliche Truppen heimgesucht haben, eine Episode aus dem Dreißigjährigen Krieg referiert, schildert er zugleich die innige Beziehung zu seinem «Töchterlein» Maria, alsdann deren aufkeimende und nicht ganz standeskonforme Liebe zum Junker Rüdiger von Mellenthin, und insbesondere natürlich den, laut dem Pseudo-Editor Meinhold, «interessantesten aller bisher bekannten Hexenprozesse», der Maria mit dem Tod auf dem Scheiterhaufen bedroht. Ein solchermaßen beanspruchter Erzähler könnte leicht auf unförderliche Abwege und ins Stocken geraten, doch das Gegenteil trifft zu: Ein episches Partikel jagt das andere und peitscht die verwickelte Handlung gnadenlos voran. Auch die altertümliche Diktion beschränkt sich nicht darauf, etwas Zeitkolorit zu spenden, sondern sie wird konsequent als Stilmittel eingesetzt, um die Zustände und Sitten der Epoche darzustellen.

Neben den düsteren Tableaux der Haupt- und Staatsaktion besticht Meinhold immer wieder durch treffliche Einfälle. Zu den Glanzpunkten gehören etwa die Auftritte der wahren Hexe Lise Kolken, die zusammen mit dem Amtshauptmann Appelmann jene unheilvolle Intrige gegen Maria Schweidler aushreckt. «Gluderäugig» (mit hervorquellenden, geröteten Augen) und Tückisches zwischen den Zähnen «mummelnd» prescht sie leitmotivisch in das redliche Parlando des Chronisten und setzt ihre schauerlichen Akzente. Oder wie hübsch geht der Autor mit den Latein-Kenntnissen der untadeligen Jungfer Maria um! Während diese auf Lateinisch den Landesfürsten, König Gustav Adolf und schließlich ihren Geliebten unfehlbar entzückt, deuten ihre Hetzer ein fromm rezitiertes *Dies Irae* als Verständigung mit dem Teufel.

Zuletzt geht es, spukhaft zwar, wieder mit rechten Dingen zu. Der Satan selber fährt der bösen Lise als «garstiges Gewürm» in den Rachen, «worauf sie alsogleich verreckte und schwarz und blau, wie ein Brummelbeer wurde»; ihr Kumpan Appelmann wird von einem Mühlenrad zu Tode gerädert; das gloriose «Töchterlein» wird gerettet, «erschaamrothet» alsbald vor Glück und kriegt ihren Junker.

Wilhelm Meinholds Roman Maria Schweidler, die Bernsteinhexe *ist 1992 im Verlag Vision, Berlin, und in zwei verschiedenen Ausgaben bei Sylt Reprint, Hörnum, erschienen.*

Gefiederte Sprachbälle

Thomas Love Peacock
(1785–1866), gemalt von
Henry Wallis.

Eine Liebe auf den ersten Satz nenne ich jeweils, was vor zwanzig Jahren eine zufällige Lektüre dieses Autors entstehen ließ und seither inmitten der wild ins Kraut schießenden Promiskuität meiner übrigen literarischen Zuneigungen zu einer ungetrübten Liaison führte. Ungetrübt, heiter ist schließlich auch das Klima, das in Peacocks Büchern herrscht, elegant und farbenbunt das Rad, das dieser Pfau schlägt, und dass es sich so verhält, hat tatsächlich mit der Beschaffenheit der Sätze zu tun. Man könnte, um bei der Vogel-Metaphorik zu bleiben, von der gefiederten Anmut und Geschmeidigkeit der Prosa oder, besser noch, vom Federspiel der Dialoge sprechen. Da wird mal kürzer, mal länger, mal höher angeschlagen; bald die eigene Formulierungslust, bald ein Partner bedient, der mit seinen Bällen wiederum ähnlich umgeht. Jedenfalls nehmen die wohlgedrechselten, mit absonderlichen Gelehrsamkeits-Tupfern geschmückten Projektile ihren vorgesehenen Kurs. Weder den Hopser eines Spleens noch die Schlaufe eines Bonmots wird man ihnen missgönnen, solange sie in ihrem luftigen Element verweilen, um zuletzt nirgends zuverlässiger zu landen als im Entzücken des Lesers. Selbst der Autor spendet eher Applaus, als dass er den Schiedsrichter spielt.

Dabei war dieser wortgewandte Ballistiker, wie seine Leiblichkeit bezeugt, auch den irdischen Dingen zugetan, die ihm freilich nicht von Anbeginn zufielen. 1785 als Sohn eines Glashändlers in der Nähe von Weymouth (Dorset) geboren, verließ er schon mit dreizehn Jahren die Schule, um sich in London als Buchhalter zu betätigen, vor allem aber, um bis zu seinem 34. Lebensjahr ein autodidaktisches Studium der griechischen und lateinischen Literatur zu betreiben. Trotz misslicher Einkommenslage mochte er nicht auf die luxuriöse Muße eines Privatgelehrten verzichten, leistete sich auch einige Bildungsreisen und fand endlich 1819 ein gesichertes Auskommen bei der East India Company, dem imperialen Handelsunternehmen, wo er allmählich sogar zum Chief Examiner (Direktor) aufstieg. Mancher Kummer – die geistige Umnachtung seiner Frau, der unglückliche Werdegang der Kinder – stellte seine epikureische Lebensphilosophie auf eine harte Probe. Als Schutzwehr diente ihm sein Landhaus in Halliford an der Themse, und als dieses 1865 Feuer fing, weigerte er sich, seine Bibliothek im Stich zu lassen, indem er ausrief: «By the immortal Gods, I will not move!» Zwar blieben die Bücher heil, aber den Schock hat der 80-jährige nur um wenige Wochen überlebt.

Der junge Peacock hatte zunächst sein literarisches Glück in der Lyrik gesucht. Es entstanden einige hochgespannt-romantische Gebilde, die heute mit Recht verschollen sind, damals aber dem Dichter die Freundschaft von Percy Bysshe Shelley eintrugen. Beide verstanden sich ausnehmend gut, und wichtiger: Durch Shelley lernte Peacock 1813 eine Gruppe exzentrischer Sonderlinge kennen, die ihm zu seiner künftigen literarischen Domäne, der ‹conversation novel›, verhalf und darüber hinaus das Personal seines dritten und erfolgreichsten Romans *Nightmare Abbey* abgeben sollte. In fast allen seiner insgesamt sieben Prosawerke führt Peacock eine ‹Gesellschaft auf dem Lande› zusammen, die – von Essen, Trinken und erotischen Absichten beflügelt – dem gelehrten Gespräch obliegt. Hirnrissige Flausen werden ebenso behaglich ausgebreitet wie die großen Themen der Zeit. Während sich die Männer in ihre Konstrukte versteigen, ist es den Peacock'schen Frauen – eine höchst anziehende, fortschrittliche Spezies! – vorbehalten, die männlichen Gedankenflüge an die Realien zurückzubinden und die Aviatiker je nachdem eines schmerzlich Besseren zu belehren. So auch in der *Nachtmahr-Abtei* (1818), dieser unvergleichlichen Satire über die «Anmaßungen der schlechten Laune», wie Peacock die literarischen Erzeugnisse der schwarzen Romantik anprangert.

Der Titel bezeichnet den verwitterten Landsitz von Mr. Glowry, einem dezidierten Grämling, der um sich eine Schar gleich gesinnter, dennoch aufs ergötzlichste ausdifferenzierter Individuen versammelt. Der Lord Byron nachgebildete Mr. Cypress schwört etwa auf Heimatlosigkeit, Mr. Listless auf seine zerrütteten Nerven, die ihm seine Untätigkeit rechtfertigen. Bestreitet der «manichäische Millenarier» Mr. Toobad die trübe Einschätzung der Lage mit einem einzigen Bibel-Satz, verfügt der mit allen Wassern philosophischer Kasuistik gewaschene Kantianer Mr. Flosky zu diesem Zweck über ein elaboriertes Kauderwelsch. Im Mittelpunkt des Geschehens steht indessen Mr. Glowrys Sohn Scythrop, der sich aus enttäuschter Liebe auf einen Turm des väterlichen Anwesens zurückgezogen hat und dort allerlei konspirativem Trübsinn nachhängt. Solchermaßen gestimmt, wird er nacheinander von zwei Frauen erobert, der launenhaften Marionetta und der bleichgesichtig-emanzipativen Celinda. Da ihn seine Entscheidungsunfähigkeit beide verlieren lässt, will er zunächst aus dem Leben scheiden, doch zuletzt verschmäht er den tödlichen Becher und greift stattdessen zu einem Glas Madeira.

Den eingeweihten Zeitgenossen bot sich der zusätzliche Reiz, Scythrops Liebesnot auf Shelley zu beziehen, der ein paar Jahre zuvor seine erste Frau Harriet Westbrook zugunsten von Mary Godwin, der späteren Autorin von *Frankenstein*, verlassen hatte. Es spricht für die Innigkeit ihrer Beziehung, aber auch für die hämefreie Anlage des Romans, dass Shelley von seinem Konterfei geradezu begeistert war und Peacock gegenüber die «wunderbar erdachte & ausgeführte Gestalt» Scythrops pries. Wohl besitzt die schwadronierende Gesellschaft in Mr. Hilary eine Art regulativer Instanz, die Peacocks Lebenshaltung eines jedem exaltierten Gebaren abgeneigten Common Sense und maßvollen Genießertums vertritt. Anderseits lässt es sich Peacock nicht nehmen, auch den schrulligen Figuren eigene Maximen in den Mund zu legen. Warum soll er auch seiner Mannschaft zürnen, wenn diese mit der Darlegung ihrer Gespinste zur allgemeinen Erheiterung beitragen. Darum gönnt er bestimmt seinem Mr. Flosky den Triumph, als Marionetta von diesem eine einfache Auskunft erbittet und mit hinterhältigen Sophismen abgespeist wird, bis sie geschlagen das Feld räumt. Womit Flosky einmal mehr seinen «transzendentalen Ruf» gewahrt hätte.

Anlässlich eines Trinkgelages fordert Mr. Glowry seine Gäste auf: «Laßt uns alle zusammen unglücklich sein!» Wer erleben möchte, welche Lachsalven ein solches Programm auszulösen vermag, ist in Thomas Love Peacocks *Nachtmahr-Abtei* trefflich aufgehoben.

Thomas Love Peacocks Roman Nightmare Abbey *ist auf Deutsch unter dem Titel* Nachtmahr-Abtei *im Manesse Verlag, Zürich 1989, erschienen.*

Die Verschollene

Gertrud Pfander (1874–1898), gezeichnet von W. Balmer.

Die Nachwelt hat den Fall der Schweizer Lyrikerin Gertrud Pfander wahrhaftig früh vollendet. Die ihr in unserem literaturgeschichtlichen Bewusstsein eingeräumte Daseinsspur reizt zu ontologischen Sarkasmen. Auf dem Büchermarkt fehlt sie seit Urzeiten. Feministisch geschärfte Argusaugen, die noch jede drittklassige Schreiberin in einem geheimen Winkel erspähten, gingen an ihrer Erscheinung blind vorbei. Nachschlagewerke zur Schweizer Literatur erwähnen sie, wenn überhaupt, nur kursorisch. Am ehesten stöbert man sie unter den unbenutzten, dem Furor der Ausmusterung mirakulös entronnenen Beständen von öffentlichen Bibliotheken auf. Vielleicht wäre ihr nicht einmal diese schattenhaften Präsenz beschieden, hätte sie nicht der deutsche Schriftsteller Karl Henckell 1896 entdeckt und publiziert. Immerhin wurden Henckells Editionen ihrer Gedichte im ganzen deutschen Sprachraum rezensiert, und Albert Gessler, der 1912 eine Monographie über sie verfasste, stand nicht an, sie als «bis jetzt größte schweizerische Lyrikerin» zu bezeichnen. Wie immer das Ausmaß ihrer Begabung, mit der zeitgleichen Produktion des um ein Jahr jüngeren Prager Kollegen René Rilke, etwa dem *Larenopfer*, nehmen es Gertrud Pfanders Texte allemal auf.

Sie sei «von einem Storch in einem Blumenkohl aufgefunden» worden, scherzte die 1874 Geborene über ihre uneheliche Abkunft. Den leiblichen Vater hat sie nie gekannt. Die Mutter, die ihretwegen aus dem Berner Elternhaus verstoßen wurde, zog nach Basel und heiratete dort einen wesentlich älteren Wirt, der Gertrud adoptierte. Indessen wurde das Kind schon in frühen Jahren zwischen seinen Verwandten herumgeschoben, und da es im sechsten Altersjahr sowohl den Pflegevater wie die Mutter verlor, wurde es zwei ledigen Frauen in Bern anvertraut, die es zusammen mit anderen Waisen erzogen. Beide waren dem Mädchen zugetan, starben aber wiederum bald, sodass die 10-jährige in die Obhut des gefürchteten Großvaters geriet. Dieser hatte durch Spekulationen sein Hutmachergeschäft ruiniert und ließ nun seine Verbitterung fluchend am ungeliebten Kind aus. Kein Wunder, dass Gertrud auch von sich selber kein liebenswürdiges Bild entwarf: «Ich war und blieb faul, widersetzlich, energielos, heulselig.» Dessen ungeachtet bezauberte sie ihre Schulkameradinnen, zumal dann, wenn sie ihnen aus dem Stegreif Märchen erzählte oder mit ihnen Theateraufführungen improvisierte. 1890 wurde sie aus den Fängen des Großvaters befreit, doch kaum hatte sie sich von den seelischen Strapazen erholt, musste sie sich mit ihrer fatalen Lungenkrankheit abfinden. Zwar beendete sie 1892 erfolgreich die Handelsklasse der Städtischen Mädchenschule, aber ihre beruflichen Versuche als Erzieherin in Edinburgh und London und als Telefonistin in Bern schlugen fehl. Das Auf und Ab der Tuberkulose und die wechselnden Kuraufenthalte in Clarens, Leysin, Heiligenschwendi, Chardonne, Montreux und Davos skandierten ihre restliche Lebenszeit. Den «verfrühten Abstieg» in die «längst bestimmte Grabparzelle» trat sie klaglos an. Sofern es ihr geschwächter Zustand erlaubte, suchte sie begierig den Umgang mit Menschen, Tieren und der Natur. Sogar ihre Religiosität mit «roi Jésus» als zentraler Instanz stand im Zeichen diesseitiger Lebensbejahung. «Wenn ich die Wahl hätte, jung zu sterben, so wie ich jetzt bin, oder gesund zu werden und den Geistesschwung zu verlieren, der mich beseelt – ich würde tausendmal einen frühen Tod wählen», teilte sie einer Besucherin mit. Natürlich schöpfte sie auch Kraft und Trost aus der dichterischen Arbeit: ihren «Kindern», wie sie die lange ausgetragenen, oft während schlafloser Nächte verfassten Gebilde nannte. Noch in ihrem Todesjahr erfüllte sie bisweilen die Schriftstellerei mit ekstatischer Zuversicht: «Wir sind Poetenvolk! Wir sind Zauberer! Wir haben den sechsten Sinn! Wir siegen doch!» Im November 1898 nahmen ihre Qualen in Davos jenes Ende, das sie drei Wochen zuvor als «*völlige* Genesung» herbeigesehnt hatte.

Gertrud Pfanders Werk enthält – neben einigen verstreuten, zumeist ungedruckten Prosatexten – rund hundert Gedichte. Zwei Drittel davon hat Karl Henckell 1896 unter dem ihre Eigenart trefflich kennzeichnenden Titel *Passifloren* herausgegeben. Die Dichterin ihrerseits hatte jenes Heft, in das sie ihre lyrischen Passionsblumen eintrug, mit dem spröden Antipoeticum «Nerven» betitelt. Vielleicht wollte sie auf diese Weise jeden Anflug von Feierlichkeit zum vornherein bannen, und im Übrigen hat sich «Strudel» – so unterschrieb sie die Briefe an ihre Freundinnen – gern als Nervenbündel gesehen. Der kranke Körper und das seelische Leid innervieren freilich in einem tieferen Sinn ihre Gedichte. Diese wirken gebändigt, buchstäblich gefasst, doch ihre Eindringlichkeit verrät etwas vom Tumult der Gefühle, von der Ausdrucks- und Gestaltungsnot, die in sie eingegangen sind. Dabei verwendet Gertrud Pfander durchwegs traditionelle sprachliche Mittel, sei es, dass sie sich formale Innovationen nicht zutraut oder dass sie ihr als frivole Spielereien erscheinen. Nicht alles ist schlackenlos gelungen, und gelegentlich beschleichen die Dichterin Zweifel, ob sie das, was sie bedrängt, angemessen darzustellen vermag. Dafür findet man bei ihr auch nichts

Müßiges, und selbst den anfechtbaren Produkten eignet ein spezifisches Gewicht.

Offenkundig stammt ihre Lyrik aus dem persönlichen Erlebnis, das man an manchen Stellen konkret ausmachen kann: eine Landschaft, eine Begegnung, ein Musikstück, eine Jahreszeit, Blumen, Angelesenes, die schwärmerische Liebe zu einem Geigenspieler, ihre Lungenkrankheit. Was immer die Dichterin in der Außenwelt wahrnimmt, setzt sie zu ihrer fragilen Innenwelt in Beziehung. Manchmal gilt es, diese vor dem Unverständnis der Menschen zu schützen, aber die Natur dient ihr als Spiegel und Maß ihrer Empfindungen, mithin als Vor- und Widerschein eines Göttlichen. So ähnelt etwa ein nächtliches Gelände ihrer «gnadenleeren» Liebesmisere, die untergehende Sonne wird zum Gleichnis menschlichen Abschieds oder die «weiße Glut» eines Kamins verweist auf eine überirdische Lichtquelle. Der Tag, die Sonne, der Sommer, das Gebirge werden mit allen Sinnen empfangen und gutgeheißen, gar als «wunderbarer Brand» gefeiert, und dennoch spürt man eine zarte Abwehr dieser grellen Erscheinungen. Gegen deren «Vollpracht» postuliert Gertrud Pfander die besänftigende Wirkung des Frühlings, des Tieflands, der Nacht, des Sonnenuntergangs und insbesondere des Mondes, der in einem ihrer schönsten Gedichte als Präfiguration des Abendmahls die Gralsburg umstrahlt. *Ein* Intensivum indes brennt bei ihr lichterloh: das «Feuer des Gedichts», vor dem sie jederzeit – und nicht nur dem Reimzwang zuliebe – bereit ist, sich selber für ein «Nichts» zu erachten.

Eine erweiterte Ausgabe der Passifloren *von Gertrud Pfander ist 1908 unter dem Titel* Helldunkel *im Francke Verlag, Bern, erschienen.*

Der arme Mann aus dem Vispertal

Thomas Platter (1499–1582), porträtiert von Hans Bock d. Ä.

Ungeschminkt ist das Leben weder in ihm selber noch in der Literatur zu haben. Die Materie übt sich in Widerspenstigkeit, und der leidige subjektive Faktor kann von seinen jeweiligen Interessen schwerlich absehen. Daher gilt die Autobiographie als besonders trügerische Gattung. Am vornehmsten hat sich Goethe aus der Affäre gezogen, indem er seine Lebensgeschichte unter den Titel *Dichtung und Wahrheit* stellte. Zwar beteuert mancher Autor, die nackten Tatsachen und nichts als diese mitzuteilen, aber der defensive Eifer verrät die Absicht, einer selektiven Wahrnehmung zu huldigen, ohne dass ein lästiger Gegenzeuge dazwischenfährt. Die autobiographische Rede ist im Allgemeinen pro domo et mundo gerichtet, will sagen: sie dient der Rechtfertigung in eigener Sache und bedient eine Kundschaft, die angeblich erfahren möchte, wie herrlich weit es einer gebracht hat. Zumal die Rücksicht auf den Adressaten mischt dem edlen Bemühen diverse störende Partikel bei. Die fehlbare Erinnerung tut ein Übriges, das Erlebte zu beschönigen oder heilsam zu verdrängen, und die Eitelkeit hütet sich vollends, das gereinigte Bild zu trüben. Dennoch verfolgt man immer wieder gespannt, wie ein anderer den ebenso spröden wie nachgiebigen Stoff seiner Vita behandelt und in die ihm genehmen Falten legt.

Auch Thomas Platter hatte es weit gebracht, als er mit 73 Jahren daran ging, seine *Lebensbeschreibung* zu verfassen – und kurz darauf seine zweite Frau, die Tochter eines Prädikanten aus Lützelflüh, zu ehelichen, mit welcher der ungebeugte Senior noch sechs Kinder zeugte. Aus dem ärmlichen Hirtenknaben einer Walliser Talschaft war in Basel ein reicher, angesehener Gelehrter geworden, der eine Weile mit Zwingli und Erasmus Umgang pflegte und auf einen abenteuerlichen Bildungsweg zurückblickte. Der Stolz auf seine Errungenschaften blinzelt gelegentlich durch die Aufzeichnungen, wenn er etwa zum leicht ermattenden Pläsier des Lesers umständlich schildert, wie geschickt er das Geld für seine Immobilien zusammentrug. Selbstgefälligkeit ist sonst gar nicht seine Sache, im Gegenteil: Seine herbe, trockene Erzählung zeichnet aus, dass sie das haarsträubendste Geschehen in beiläufigen Nebensätzen deponiert. Platter berichtet von tödlichen Gefährdungen, wie unsereins der Mückenplage gedenkt. Natürlich ist diese Gelassenheit einer aufgewühlten Zeit geschuldet, und dennoch spürt man aus den kargen Worten des Chronisten das wetterfeste, redliche Gemüt heraus.

Schlicht wie der Text nimmt sich der Anlass seiner Entstehung aus. Platter entsprach 1572 dem insistenten Begehren seines Sohnes Felix, «ich sölle von iugend uff min läben beschriben». Was so privatim eingeflüstert und binnen 26 Tagen zustande kam, ist eins der schönsten biographischen Zeugnisse des 16. Jahrhunderts, das uns weit über die zeitkundliche Bedeutung hinaus zu fesseln vermag.

Thomas Platters langes Leben war unzählige Male von jähem Ende bedroht, und er hatte guten Grund, ein wiederkehrendes «Do hatt mich gott woll behüttet» in seine Erinnerungsprosa zu streuen. Die Kette der Strapazen beginnt gleich nach der Geburt, da ihm die Muttermilch vorenthalten wird und er jahrelang als einzige Nahrung Kuhmilch durch ein «hörenlin» einnehmen muss. Während dieser ausgedehnten Säuglingszeit stirbt sein Vater an der Pest, und der kleine Tomilin wird an Tanten und Onkeln verdingt. Dem siebenjährigen Knirps werden achtzig Ziegen anvertraut, die beim Verlassen des Stalls ihren schmächtigen Hüter erst einmal niedertrampeln und dann im Gebirg auf schroffe Felsen locken, wo er beinahe zu Tode stürzt. Tagsüber von Durst gepeinigt, hat er sich oft «in dhand brintzlet und das für den durst getrunken». Aber auch Bären und Geier treiben auf den «grusamen bergen» ihr Unwesen. Platter erzählt die hübsche Anekdote, wie er mit einem andern «hirtlin» den Wunsch hegt, das Fliegen zu lernen, und die beiden Möchtegern-Aviatiker plötzlich von einem großen Vogel angegriffen werden, der ihrer hybriden Anwandlung abhilft. Indessen hat man Höheres mit ihm vor. Da bei seiner Geburt die Kirchenglocken zur Messe geläutet haben, wird ihm von den Angehörigen das Priesteramt nahe gelegt. Fernweh, Lerntrieb und die geistliche Flause wecken im elfjährigen Tomlin die Lust, auf Bildungsreise zu gehen, was nicht viel anderes besagt, als dass er sich fortan durch die Lande bettelt. Er schließt sich dem älteren Vetter Paulus an, einem gerissenen «Bacchanten» (wie sich solch fahrende Gesellschaft zu nennen beliebt), der seinen Schützling skrupellos ausbeutet. So zieht man als Halbwüchsigen-Gang fünf Jahre lang durch Bayern, Sachsen, Preußen und Polen und rettet knapp seine Haut vor Wegelagerern und erbosten Bauern, die nicht mögen, dass man ihnen Gänse klaut. Im nächtlichen Stroh lauern die Läuse, die man tags drauf aus den Kleidern klaubt und christlich bestattet. Während Platter dank seines kuriosen Walliser Dialekts Erkleckliches für seinen Vetter zusammenbettelt, darf er sich hie und da vor Hunger mit Hunden um einen Knochen balgen. Immerhin bleiben einzelne Bildungskrümel an ihm haften, aber erst die Pfarrschulen im elsässischen Schlettstadt und in Solothurn machen aus ihm einen beflissenen Schüler, obwohl sich der mittlerweile Achtzehnjährige unter den jungen Zöglingen «wie ein gluggerin under den huenlinen» fühlt. Das Zürcher Fraumünster entscheidet über sein weiteres Schicksal. Mit Zwingli wettert er künftig gegen päpstliche Messen und Götzendienst, und als Kustos heizt er gar für seinen Lieblingsprediger die Kirche mit einer Johannes-Statue: «Jögli, nun buck dich, du muost in den offen.» In dem an der Stiftsschule wirkenden Oswald Myconius findet er seinen idealen Lehrer, und so paukt er nächtelang Latein, Griechisch und Hebräisch aufs Mal, wobei er mit Wasser, Rüben und Sand den Schlaf bekämpft. Von Myconius wird er auch in den Ehestand mit einer Magd eingewiesen, und jetzt geht's auf der Karrieretreppe aufwärts, wenn auch in den bewährten Kreuz- und Querzügen zwischen Zürich und Basel, Studiengängen und eigener Lehrtätigkeit. Vom Seilerhandwerk wechselt er zum Schuldienst in Basel, arbeitet dann als Korrektor, gründet mit Kollegen eine Buchdruckerei, der er alsbald als alleiniger Besitzer vorsteht, und zuletzt avanciert er zum Universitätsprofessor und Rektor der renommierten Schule auf der Burg. Doch trotz der Zacken und Kurven seines Lebens folgt Thomas Platter unbeirrt seiner Linie, dem Impetus seines Bewegungs- und Bildungstriebs, ohne je seine bescheidene Herkunft zu verleugnen. Als der in Montpellier studierende Sohn Felix exotische Früchte nach Hause schickt, schreibt ihm Vater Thomas: «Ich bringe das seltsame Zeug nicht herunter; Pomeranzen machen mir lange Zähne, daß ich mein Brot nicht beißen mag; Granatäpfel sind langweilig zu speisen. Ich esse nach meinem alten Brauch ein gut Stück Habermus wie die andern Bauern.»

Thomas Platters Lebensbeschreibung *ist nach der Handschrift 1944 bei Benno Schwabe in Basel und behutsam modernisiert 1999 bei Ottmar in St. Gallen erschienen.*

*Produktive
Enthaltsamkeit*

Ernst Polak (1886–1947)

Peter von Matt hat einmal scherzhafterweise vorgeschlagen, einen Preis für jene Wohltäterinnen und -täter zu schaffen, die nachweislich bewusst darauf verzichteten, Bücher zu schreiben. Der Sinn einer solchen Auszeichnung leuchtet jedem ein, der sich von Berufs wegen mit der jährlichen Schwemme literarischer Erzeugnisse herumzuschlagen hat. Allerdings wären würdige Empfänger, so klein ihre mutmaßliche Menge, nicht leicht zu erküren. Gäbe es indessen einen Preis für Literaten, die ohne eigenes Werk das literarische Geschehen ihrer Zeit substantiell befruchteten, würde ich ihn ohne Zögern ex aequo Ernst Polak und Roberto «Bobi» Bazlen (1902–1965) zusprechen. Bezeichnenderweise sind beide der intellektuellen Sonderlingen stets zuträglichen Donaumonarchie entsprossen: Polak – wie Karl Kraus, der ihn 1921 in seiner Kaffeehaus-Operette *Literatur oder man wird doch da sehn* als «zweiter Bacchant» persiflierte – der böhmischen Stadt Gitschin, Bazlen dem ethnisch durchmischten Triest. Beide stammen aus einem minoritären deutschsprachig-jüdischen Bürgertum, besuchten mehr oder weniger widerwillig eine Handelsschule, arbeiteten eine Zeit lang als literarische Agenten und setzten sich maßgeblich für Kafka und Svevo ein. Doch was immer sie unternahmen, stand im Schatten eines ungeschriebenen Werks, eines quälenden Anspruchs, dem sie früh entsagt haben wollten und der dennoch hartnäckig fortdauerte. Und beide schriftstellerischen Abstinenten haben ihren jeweils vertrackten Widerständen durchaus ein Scherflein abgetrotzt. Man liest das Zustandegekommene mit Interesse und bedauert zugleich, dass es nicht ganz das erfüllt, was man ihnen ohne weiteres zugetraut hätte.

Ernst Polak ist für die meisten, die seinen Namen kennen, als erster Mann von Kafkas Briefgeliebter Milena Jesenská in die Literaturgeschichte eingegangen. 1906 war Polak als Korrespondent in die Prager Filiale der Österreichischen Länderbank eingetreten und führte seither, wie es dem innerlich Zerklüfteten entsprach, ein Doppelleben, indem er seine übrige Zeit als Stammgast des Literatencafés Arco zubrachte. Hier umgab den ebenso erstaunlich Belesenen wie Artikulierten ein Glanz, dem 1916 auch die tschechische Studentin Milena erlag. Zum Leidwesen ihres Vaters verliebte sich Milena stürmisch in den wesentlich älteren, von seiner geistigen Beweglichkeit abgesehen nicht sonderlich attraktiven Mann und durchschwamm für ein Rendezvous mit ihm sogar die Moldau. Allerdings war das Liebesglück befristet. Als das Paar 1918 heiratete und mit dem väterlichen Segen einer Mitgift nach Wien zog, fand Polak sogleich das ihm gemäße Biotop, während Milena die Wiener Kaffeehaus-Szene widerstrebte. Die Ehe zerbrach weniger an der Untreue, die sie sich beide geschworen hatten, als an der Konsequenz, mit der sich Polak unbekümmert um die Bedürfnisse seiner Frau anschickte, sein Imperium im Café Herrenhof zu errichten, das er während zwanzig Jahren innehielt. Hatte der «rasende Reporter» Kisch schon die Prager Lokalität Arco «Café Polak» genannt, gebot der beamtete Bohemien im Herrenhof souverän über die «Loge Polak», um die sich Nobilitäten wie Franz Werfel, Hermann Broch, Anton Kuh, Robert Musil und Heimito von Doderer scharten. In den verbalen Scharmützeln, die sich oft bis Tagesanbruch in Privatwohnungen fortsetzten, brillierte Polak durch gelehrsame Voten und schlagfertige Hiebe, laut Anton Kuh: er «zerteilte mit messerscharfer Nase und Rede den Dunst, man orientierte sich jener und dieser entlang über die Zweckrichtung des Beisammenseins». Auch da offenbarte er sein widersprüchliches Naturell. Er konnte Gesprächspartner barsch zurechtweisen, doch alle, die ihn um fachkundigen Rat ersuchten, etwa seine Freunde Werfel und Broch, ließ er bis in die Textgestalt ihrer Bücher von seiner «Behutsamkeit, Skrupulosität und Gewissenszartheit» (Werfel) profitieren.

1925 stellte ihm seine Bank die Möglichkeit einer Frühpension in Aussicht, die der erst 39-jährige trotz kümmerlicher Abfindung ergriff. Eine Weile versuchte er es mit den Kaffeehäusern in Paris und Berlin und schrieb gelegentlich für die *Literarische Welt* Rezensionen. 1928 holte er die humanistische Matura nach, um danach an der Universität Wien ein Philosophie- und Germanistikstudium zu betreiben, das er 1932 bei Moritz Schlick mit einer Dissertation über Husserls Phänomenologie abschloss. Vielleicht hoffte der akademisch Geweihte endlich jene subtilen geistigen Extrakte vorzulegen, die er bei Paul Valéry so bewunderte? Zumindest entfaltete er jetzt als Rezensent, Lektor, Ratgeber und Vermittler für zahlreiche Schriftsteller und Verlage eine rege Tätigkeit, die über die Exiljahre anhielt. Nach dem Anschluss Österreichs 1938 floh Polak vorerst nach Prag und noch im selben Jahr mit Hilfe Milenas nach England, wo er in finanzielle Bedrängnis geriet. Da kam ihm erneut seine «dämonische» Wirkung auf Frauen zustatten. Er lernte 1942 in Oxford die begüterte Reiterin und Pilotin Delphine Reynolds kennen, die er zwei Jahre später heiratete. Zwar hat ihn diese Ehe nicht zur ersehnten Produktion beflügelt, aber immerhin bis zu seinem Tod 1947 von materiellen Sorgen entlastet.

Ernst Polak ist sich selber, wie er schmerzlich genug erkannte, als «Figur» in die Quere gekommen. Andere haben diese sogar in die Weltliteratur gehoben, so Kafka im *Schloß*-Roman mit dem sexualistischen Beamten Klamm und Doderer in der *Strudlhofstiege* mit dem an ein Eichhörnchen gemahnenden E. P., dem der Autor «ein weiches Herz mit scharfen Zähnchen» bescheinigt. Dabei war die Figur keineswegs gespielt, doch hinter der Persönlichkeit, die durch ihre geschliffene Rhetorik Männer und Frauen hinriss, steckte ein zutiefst verunsicherter, zaghafter Mensch, der darunter litt, dass er sein gedankensprühendes Feuerwerk nur mündlich abzubrennen vermochte. In einem Brief hat er einmal die Lage der deutschsprachigen Prager Juden als Repräsentations- und Legitimationsnot dargestellt und dabei wohl seines eigenen «Schattendaseins» gedacht. Davon hat ihn die scheinhafte Sphäre des Wiener Herrenhofs erst recht nicht erlöst. Bisweilen hielt er sein Leben für das ihm auf andere Weise versagte Kunstwerk, oder er begnügte sich mit dem Vorsatz: «Mir käme es darauf an, das Buch zu schreiben, zu dem ich unfähig bin und dessen Themen diese selbe Unfähigkeit wären.» Ebenfalls schwebte ihm eine Sammlung – «mein bestes Buch» – vor, das aus lauter Zitaten bestünde. Tatsächlich enthält Polaks Nachlass ein *Ad ruminandum* (Zum Wiederkäuen) betiteltes Wachstuchheft, in das er neben fremdem Gedankengut auch eigene Einfälle notierte. Mit einem der Letzteren gelang es ihm, sein schöpferisches Ungemach bündig auf die Reihe zu bringen: «Gescheit – gescheiter – gescheitert».

Von Ernst Polak, dem «Literaten ohne Werk», handeln ein Aufsatz von Hartmut Binder im Jahrbuch der deutschen Schillergesellschaft, *Alfred Kröner Verlag, Stuttgart 1979, sowie die Erinnerungen von Milan Dubrovic,* Veruntreute Geschichte, *Zsolnay Verlag, Wien 1985.*

Das Ich und das Ganze

Antonio Porchia (1886–1968)

Aphorismen gibt es seit Hippokrates, der 400 v. Chr. unter diesem Titel eine Sammlung medizinischer Lehrsätze zusammenstellte. Es gibt sogar Blütezeiten des Aphorismus, je nach Eigenart und Entwicklung der Nationalliteraturen. Erlauchte Autoren stehen für sie ein, doch merkwürdigerweise will kaum einer «Aphorismen» geschrieben haben. Die französischen Moralisten nannten ihre witzig pointierten Einfälle «Reflexionen», «Maximen» oder schlicht «pensées». Lichtenberg trug für die Nachwelt «Bemerkungen» in seine *Sudelbücher* ein. Die deutschen Romantiker untertrieben ihre maßlosen Ansprüche in «Ideen» und «Fragmenten». «Der Aphorismus, die Sentenz, in denen ich als der erste unter Deutschen Meister bin», verkündet immerhin Nietzsche, der sonst dem Wort lieber ausweicht. Der anmutig-lockere Duktus von Schopenhauers *Aphorismen zur Lebensweisheit* entbehrt jeglicher Aphoristik, während Ludwig Hohl, besorgt um die konzeptionelle Einheit seiner aufgesplitterten *Notizen*, jeden des Teufels zieh, der ihn für einen Aphoristiker hielt. Etwas unziemlich Marginales scheint dieser Form anzuhaften, wie denn gerade ihre bedeutendsten Vertreter darum bemüht waren, ihre Seriosität noch in weniger anrüchigen Disziplinen zu beweisen. Anders der Italo-Argentinier Antonio Porchia. Auch er hat sich die bündigste Prosa unter einem eigenen Terminus zugeeignet, aber er ist – ausschließlich und rückhaltlos – in ihr aufgegangen.

Als Sohn eines abtrünnigen Priesters wurde Porchia 1886 in Kalabrien geboren. Nach dem Tod des Vaters, der in der süditalienischen Provinz einen schweren Stand gehabt hatte, beschloss die Mutter, mit sechs ihrer sieben Kinder auszuwandern. 1902 schiffte sich die Familie in Neapel ein, um in Argentinien eine neue Heimat zu suchen. Diese fand sich gleich am Ankunftsort Buenos Aires, das Porchia fortan kaum mehr verließ. Während Jahrzehnten bewohnte er das pittoreske Hafenviertel La Boca, inmitten von Seeleuten, Bohemiens, ältlichen Kneipen und Tangomusik Hier traf der stille Grübler die ihm entsprechende Atmosphäre an. Zunächst als Hafenarbeiter, später als Typograph in einer von seinen Brüdern erworbenen Druckerei trug er zum Lebensunterhalt seiner Angehörigen bei. Eine Zeit lang bewegte er sich in anarchistischen Kreisen. Insbesondere aber pflegte er Umgang mit der Künstlervereinigung «Impulso», und wenn ihm deren Mitglieder gelegentlich Bilder schenkten, regalierte er die Maler mit den mündlichen Vorboten seiner Aphorismen: *Stimmen (Voces)*, wie er selber diese Gedanken-Konzentrate nannte. Die gleichen Freunde publizierten 1943 eine erste Sammlung *Stimmen*, die wenig Resonanz auslöste. Dafür entdeckte sie der damals in Buenos Aires weilende französische Essayist Roger Caillois, der Porchia versicherte, er würde sein ganzes Werk im Tausch für die *Stimmen* hergeben. Caillois übersetzte 1949 für den Pariser Verlag Guy Lévy Mano einen Band *Voix*, der von André Breton, René Char und Raymond Queneau einhellig akklamiert wurde. Auch in Argentinien verschafften sich die *Stimmen* allmählich Gehör. Um den unverkäuflichen Bücherstapel abzutragen, schenkte Porchia sein Opus den öffentlichen Bibliotheken in der Provinz, wo es – ohne Rückwirkung auf den Autor – tatsächlich gelesen wurde. Porchia war das nur recht. So konnte er in unangefochtener Ärmlichkeit seiner Passion frönen: der Aufzucht von Rosen. Kurz vor seinem Tod 1968 brachte er es zu einer unverhofften Prominenz, indem er den gedruckten *Stimmen* seine mündliche leihen durfte. Das argentinische *Radio Nacional* ließ den Sendetag jeweils mit einem von Antonio Porchia selber vorgetragenen Aphorismus an- und ausklingen.

Porchias geistiges Vermächtnis umfasst über tausend *Voces*. 1966 traf der Autor eine Auswahl von 603 *Stimmen,* die – abgesehen von den später entstandenen Stücken – als Edition letzter Hand gilt. Die Frage nach der Vollständigkeit erübrigt sich, da Porchia sein Schaffen nicht im Sinne eines work in progress begriff. Zwar kann man wiederkehrende Motive ausmachen, die sich wechselseitig erhellen, aber eine jede, oft nur aus einem Satz gebildete *Stimme* erscheint als geschlossene Einheit, gewissermaßen als fensterlose Monade, die durch ihr bloßes Dasein der Idee eines zusammenhängenden Ganzen opponiert. Indessen wird das «Ganze» inständig bedacht, kein Wort kommt in Porchias Sätzen häufiger vor als «todo», die Instanz, vor der sich das individuelle Denken zu bewähren hat. Beides, das «Ganze» und das «Einzelne», ist der Gefahr der Beliebigkeit ausgesetzt. Die alles umgreifende Pluralität droht das «Einzelne» zu verschlingen, das seinerseits auf ein Allgemeines angewiesen ist, wenn es nicht in einer zufälligen Singularität verkümmern will. Eingespannt zwischen den beiden Polen, hat Porchia freilich schon genug damit zu tun, sich dem andern mitzuteilen und im andern wiederzufinden: «Wenn mir scheint, daß du meine Worte hörst, erscheinen sie mir als deine Worte, und ich höre meine Worte.» Natürlich sucht Porchia erst einmal sich selber zu ergründen und stößt dabei auf die grundlegenden Determinanten von Einsamkeit und Schmerz. Wagt er nicht, an Letzterem zu rühren, wird dafür das Alleinsein unentwegt befragt, das weder als schützendes Gehege noch als hohe Warte dient, von wo aus souverän über die Welt zu befinden wäre. Dem hier artikulierten Ich gelingt es allenfalls im Zug beharrlichen Nachdenkens, seiner habhaft zu werden. Es bietet keinerlei Gewähr, für was auch immer. Wohl ist ihm dabei nicht. «Wer viel bei sich verweilt, erniedrigt sich», lautet eine Stelle. Daher braucht das Ich den Mitmenschen, dem es am ehesten begegnet, wenn es ihn auf achtsame Distanz hält und in dessen eigenem Inkognito belässt. Die Nähe eines wahlverwandten Elements kann nämlich in die Aporie münden: «Da waren wir, ich und das Meer. Und das Meer war allein und ich einsam. Einer der beiden fehlte.»

So bescheiden das Ich auftritt, kraft seiner diminutivischen Behutsamkeit erhebt es Einspruch gegen die großen Gebärden: «Wer die Wahrheit sagt, sagt fast nichts.» Porchia verzichtet auf philosophische Terminologie, und was andern Aphoristikern zur Tugend gereicht: Esprit, Ironie, sprachlicher Feinschliff, widersteht ihm als eitler Prunk. Zwar kommt auch er nicht ohne die großen Themen und Gegensätze aus, doch er fasst sie im Bereich seiner unmittelbaren Erfahrung. Ihm zufolge liegt das Heil, soweit es dem Menschen zusteht, in der Einzahl, der Einzelheit, den kleinen Dingen, dem Blick zum Himmel, dem Lichtschein einer Lampe. Aus dem Kleinen schlägt dann unversehens das Große, aus dem Nächsten das Fernste, aus dem ungreifbaren Nichts eines Augenblicks das Unendliche, und auch «die Liebe, wenn sie in eine Blume passt, ist unendlich». Anderseits: «Mehr als alle Unendlichkeiten bewirken in mir drei oder vier harmlose Gewohnheiten.»

Eine von Juana und Tobias Burghardt betreute zweisprachige Ausgabe der Stimmen / Voces *von Antonio Porchia ist im Tropen Verlag, Köln 1999, erschienen.*

John Cowper Powys
(1872–1963)

Der Findling aus Nordwales

Seine Sache war die Sesshaftigkeit nicht minder als das Wandern, und im Bild seiner bis ins hohe Alter tätigen Schaffenskraft kommt beides zusammen: wie er entspannt auf der Couch liegt und ein Blatt nach dem andern mit seiner schwungvollen Schrift überzieht. Das Gehen, die fortlaufende Berührung mit der Erde, pflegte er als ein tägliches Mysterium tremendum. Während seiner letzten 28 Jahre, die er mit der amerikanischen Lebensgefährtin Phyllis Playter in der Abgeschiedenheit der nordwalisischen Dörfer Corwen und Blaenau Ffestiniog verbrachte, unternahm er vor der Arbeit stets einen Gang, vorzugsweise zu einem Felsbrocken, den er mit seinen gehätschelten Spazierstöcken rituell beklopfte und mit rätselhaften Sprüchen ummurmelte. Nicht umsonst führen seine Romanfiguren ein erstaunlich artikuliertes Zwiegespräch mit der unbelebten Natur.

John Cowper Powys wurde 1872 als erstes von elf Kindern eines Pastors in Shirley (Derbyshire) geboren. Walisische Prinzen, Geistliche sowie die Dichter William Cowper und John Donne zählen zu seinen Ahnen. Die – im Übrigen ganz anders gearteten – Brüder Llewelyn und Theodore Francis sollten es später gleich ihm zu schriftstellerischem Ansehen bringen. Ein verheißungsvolles Milieu, das dem von Ängsten und Obsessionen geplagten Jungen aber keine glückliche Kindheit bescherte. Dafür wurde die Landschaft von Dorset und Somerset zum prägenden Ereignis. Unersättliche Lektüre erhitzte seine Einbildungskraft und trug ihm eine umfassende Bildung ein, neben der die an der Public School von Sherborne und an der Universität Cambridge absolvierten Übungen verblassten. Dennoch ist ihm aus der scheinbaren Unverträglichkeit des Autodidaktischen und des Akademischen eine Berufung erwachsen. Ende der neunziger Jahre schickte ihn die *University Extension Movement* auf internationale Vortragstourneen, und aus solchen Veranstaltungen bestritt er während über 35 Jahren sein Auskommen. Vor allem in Amerika, wo er sich von 1918 bis 1934 fast ununterbrochen aufhielt, besaßen seine Auftritte Kultstatus. Was immer er aus der abendländischen Philosophie und Literatur erörterte, der hagere, raubvogelähnliche Redner berauschte mit seinen Inspirationen Tausende von Zuhörern: ein oratorischer Beschwörungsakt, den Bertrand Russell etwas nüchterner als «quite a performance» kennzeichnete.

Rhetorische Gebärden, wuchtige, von keinerlei ökonomischer Schamhaftigkeit gezügelte Satzgebilde schwellen auch die Romane an, die er gleichsam nebenher absonderte. *Wolf Solent* (1929), den manche Powys-Liebhaber für sein bedeutendstes Werk erachten, entstand buchstäblich unterwegs, in Zügen und Hotelzimmern. Als er seine Vortragsverpflichtungen einschränkte und sich für fünf Jahre in die Wälder von Upstate New York zurückzog, schrieb er pausenlos drei weitere umfängliche Meisterwerke: *Glastonbury Romance*, *Weymouth Sands* und die *Autobiographie*. Powys nannte sie selber «books of nostalgia». Tatsächlich versammeln sie nicht nur eine Galerie schrulliger Individuen – mit dem Autor als ihrem farbigsten Beispiel –, sondern sie evozieren auch in einem atemberaubenden Hier und Jetzt die Landschaft von Powys' Kindheit. In Nordwales wandte sich Powys der Geschichte und Mythologie seiner Wahlheimat zu, aber weiterhin fanden Gott und die Welt, sogar galaktische Wesen Einlass in unzähligen Romanen, Essays, Gedichten und Briefen. John Cowper Powys starb als 90-jähriger, redlich erschöpfter Autor.

Die *Glastonbury Romance* – binnen 21 Monaten ausgetragen und 1932 erschienen – ist mit ihren über 1200 Seiten der beliebteste unter Powys' epischen Sauriern: ein eigensinniges Geschöpf oder vielmehr genauso dreist subjektiv und versponnen wie sein Schöpfer. Wer sonst, außer Powys, würde es wagen, auf der ersten Romanseite zunächst einmal die Seele seines Helden John Crow – man beachte das krähenförmige Alter Ego – kosmisch zu situieren, nämlich in wechselseitiger Fühlung zur «göttlich-teuflischen Seele im Urgrund allen Lebens» und im Kraftfeld der Sonne, das «die Nerven dieses winzigen Zweifüßlers jedoch weniger berührte als der Wind, der ihm ins Gesicht blies»! Für uneingeweihte Ohren mag das abstrus klingen, doch schon das nächste Kapitel, welches dem stock- und steinkundigen, bislang eingefleischten Junggesellen John eine Gefährtin zuführt, zeigt grandios, was diese sprachmächtige Esoterik vermag. Anlässlich einer Bootsfahrt finden John und seine Cousine Mary zueinander, und Powys bietet die gesamte Umgebung, den Fluss, die Witterung, Fauna und Flora auf, um am Entzücken der Liebenden teilzuhaben.

Nicht nur John Crow, ein gutes Dutzend männlicher Figuren sind offenkundig mit idiosynkratischen Eigenheiten des Autors ausgestattet, und sie alle sind in irgendwelche anstößigen Liebeshändel verstrickt. Ein anderer Crow, der Erzkapitalist Philip, treibt es in einer Tropfsteinhöhle mit Cousine Persephone, der Frau seines kommunistischen Gegenspielers, deren Gelüste einige hundert Seiten später vom robusten Zyniker Will Zoyland befriedigt werden. Dessen Frau Nell wiederum verführt den Jüngling Sam Dekker, der vor den Ansprüchen ihrer Liebe in einen Jesus-Komplex flieht, während sein sittenstrenger Vater, Pfarrer Mat Dekker, beinahe ihrer sinnlichen Ausstrahlung erliegt. Die kränkliche Lady Rachel erholt sich in den Armen des bäurischen Poeten Edward Athling, und so fort. Die Ortschaft scheint an diesem Gewoge nicht ganz unschuldig zu sein, denn «niemand nähert sich diesen drei Hügeln Glastonburys ohne eine Verstärkung jedweder erotischen Erregung, deren er fähig ist». Glastonbury wirkt als heimlicher Hauptakteur des Geschehens. In seinem geschichts- und legendenträchtigen Bereich feiern der Gral, der Zauberer Merlin, König Arthur und die Tafelrunde, aber auch heidnische Relikte fröhliche Urständ und mischen sich neckisch-fatal ins Leben der Gemeinde ein. Wie es Powys gelingt, seine Figuren bis in feinste Regungen und Schattierungen mit den lokalen Hintergründen kommunizieren zu lassen, hat weltliterarisch nicht seinesgleichen!

Besonders eindrücklich ist ihm die Gestalt des Bürgermeisters John Geard geraten. Dieser einstige Wanderprediger «Bloody Johnny» ist durch eine Erbschaft zu unermesslichem Reichtum gelangt, den er nun hemmungslos für spirituelle Zwecke und sozialistische Experimente ausgibt. Strotzend vor Leiblichkeit und Selbstvertrauen, halb Heiliger, halb Scharlatan, rafft er sich aus seiner Trägheit immer wieder zu wundersamen Handlungen auf. Ein leidenschaftlicher Grenzgänger, entschließt er sich aus reiner Neugier zum Selbstmord. Er ertrinkt in jenen apokalyptischen Meeresfluten, mit denen Powys am Ende des Romans seine imaginative Leistung, ‹sein› Glastonbury hinwegschwemmt und zugleich der Zeitlosigkeit überantwortet.

John Cowper Powys' Roman Glastonbury Romance *ist 1995 im Carl Hanser Verlag, München, erschienen.*

Don Quijoterien eines Konsuls

José Maria Eça de Queiroz
(1845-1900)

Er war sozusagen ein ‹geborener› Ironiker, denn schon seine Geburt versetzte ihn in eine Lage, die ihm für sein späteres Dichten und Trachten eine gebrochene Weltsicht empfohlen haben mochte. Der bedeutendste portugiesische Romancier aller Zeiten, José Maria Eça de Queiroz, kam 1845 in Póvoa de Varzim (Nordportugal) als unehelicher Sohn eines Beamten und einer Offizierstochter zur Welt. Obwohl die Eltern nichts sehnlicher als die Ehe wünschten und diese vier Jahre später auch schlossen, wollte der Vater seine künftige Braut nicht als Eças Mutter ins Taufregister eintragen. Das mütterliche Inkognito wurde erst anlässlich von Eças eigener Heirat 1886 offiziell gelüftet, doch schwerer wiegt, dass der Junge, dem Elternhaus entzogen, bei seiner Großmutter aufwuchs und später in ein Internat versorgt wurde.

Indessen wurde die öde Kindheit von fünf turbulenten Universitätsjahren in Coimbra abgelöst. Zwar verbummelte Eça sein Jurastudium, doch er nutzte die Zeit, um sich an sämtlichen Intellektualismen und Phantasmen zu berauschen, die damals im Schwange waren. Von Shakespeare bis Balzac wurde ein nahrhaftes Lesepensum bewältigt. Die französischen Aufklärer, Hegel und Proudhon lieferten Munition zu hitzigen Debatten. Man gab sich leidenschaftlich, verehrte das Urwüchsige und Erhabene. Nebenher spielte man Theater, wobei Eça ausgerechnet die Rolle des braven Vaters zufiel. Insbesondere war französische Kultur das Richtmaß, das die Rückständigkeit des eigenen Landes schonungslos aufdeckte. Aus solch anregendem Gemisch ging Eça als angry young man hervor, der eine Zeit lang als Rechtsanwalt dilettierte und sich vermehrt dem Journalismus zuwandte. Überhaupt zeichnete ihn buntscheckige Unternehmungslust aus. Er schrieb liberale Leitartikel und gemeinsam mit einem Freund einen Serienroman, gründete in Lissabon eine satirische Zeitschrift, reiste zwischendurch auf den Spuren seines Idols Flaubert nach Ägypten, büßte darauf einige romantische Flausen ein und trat 1870 in den diplomatischen Dienst. Sein äußeres Gebaren hielt eine schwebende Mitte zwischen Gediegenheit und Nonchalance, aber die in gepflegte Wunderlichkeiten gehüllte, mit Kneifer und Schnurrbart bewaffnete, von Pathos und röhrendem Gelächter erschütterte Figur verfehlte nie ihren Effekt. Der 1872 zum Konsul beförderte Dandy wurde zunächst nach Havanna abgeschoben, wo ihn heftiges Heimweh nicht daran hinderte, seine Arbeit pflichtbewusst auszuüben. Amtliche Sorgfalt und leicht verdrießliche Bulletins zur Befindlichkeit in fremden Landen bestimmten auch seine weiteren konsularischen Tätigkeiten in Newcastle-on-Tyne (1874–1878), Bristol (1878–1888) und sogar in Paris (1888–1900), dessen Reize ihm von einem neuralgischen Magenleiden vergällt wurden. Gelegentlich beklagte Eça seine «Verbannung» als literarischen Mangel, da er stofflicher Ressourcen entbehren musste, doch die Distanz zu den heimischen Verhältnissen ist seinen Gesellschaftspanoramen auch zum Guten angeschlagen: dem antiklerikalen Biss in *Das Verbrechen des Paters Amaro* (1874), den scharf gezeichneten Figuren des Eheromans *Der Vetter Basilio* (1876) oder der inzestuösen Familienchronik *Die Maias* (1888).

Kurz nach Vollendung des Romans *Stadt und Gebirg* starb Eça de Queiroz 1900 in Neuilly.

Gleich zu Beginn seiner literarischen Tätigkeit hatte sich Eça in einem viel beachteten Vortrag für den «Realismus als neue Kunstform» ausgesprochen. Diese Entscheidung wurde im Zeichen einer authentischen Zeitgenossenschaft, der Wahrhaftigkeit und der Moral getroffen. Die realistisch belehrte Gesinnung sollte dem Romantizismus und der Frankomanie den Garaus machen, und da Eça deren verführerischen Reiz an sich selber erfahren hatte, durfte dieses exorzistische Geschäft gelegentlich mit seiner ironischen Nachsicht rechnen. So trägt Jacinto, der Held des Romans *Stadt und Gebirg*, unverkennbar Züge des Don Quijote, mit bezeichnenden Unterschieden: Der portugiesische Landjunker aus ältestem Geblüt hängt nicht vergangenen Idealen nach, sondern ist auf beängstigender Höhe seiner Zeit. Schließlich residiert er seit jeher in Paris, genauer in der Nummer 202 der Champs-Elysées, wo er seiner Überzeugung lebt, dass das Glück allein von zivilisatorischen Errungenschaften abzuzapfen wäre. Daher hat er sein Palais zu einem technologischen Treibhaus umgerüstet, einem Dschungel von Drähten, Hörmuscheln, aufblitzenden Lichtern und tückischen Geräten, die seine Wissbegierde mit Tand füttern und seinen Müßiggang auf Trab halten. Während für ihn ein Spaziergang in realer Natur einem Spießrutenlauf durch unkalkulierbares, die Seelenruhe unterminierendes Gelände gleichkommt, nimmt er die Widerspenstigkeit seiner technischen Einrichtungen, die bald sein Haus unter Wasser setzen, bald ein erlesenes Fischgericht im Speiseaufzug hängen lassen, stoisch in Kauf, zumal Letzteres seinen Gästen das Vergnügen beschert, mit einer improvisierten Angel nach der störrischen Gaumenfreude zu fischen. Statt des verhofften Glücks erzeugen nämlich die Apparate bei Jacinto nur noch ein in die Glieder fahrendes Gähnen, indem er alsdann «mit lässigen Fingern über sein langes Gesicht streicht, um den eigenen Totenschädel zu betasten».

Somit ist es höchste Zeit für jene Wende, die aus dem lebensmüden Narren einen tätigen Weisen macht. Die Pietät ruft Jacinto in die Gebirgsregion seiner Vorfahren, deren Gebeine infolge eines Erdrutsches durcheinander geraten sind und neu geborgen werden müssen. Die fromme Stippvisite dehnt sich zum Daueraufenthalt. Auf seinen Ländereien findet Jacinto unvermutet Gefallen an der gezackten Landschaft, der belebenden Wirkung einer Sommernacht, am Genuss einer Hühnersuppe. Zwar will er etwas gar ruppig Reformen einführen, aber zuletzt bedarf es eben doch seiner geistigen Beweglichkeit und seiner Herzensgüte, um den Bauern mit Hilfe des von ihnen erwirtschafteten Geldes ein würdiges Dasein zu ermöglichen.

Eça de Queiroz hat seinem Ritter von der traurigen, dann aber lebensfrohen Gestalt auch einen Sancho Pansa an die Seite gestellt, den duldsam-klugen Zé Fernandes, der Jacintos zivilisatorische Bocksprünge teilnahmsvoll registriert. Als erzählerische Instanz vertritt er den Autor, der freilich auch zu erheblichen Portionen in die Figur Jacintos eingegangen ist. Wenn Fernandes den Gegenstand seiner Aufmerksamkeit stets mit dem Possessivum «mein Jacinto» versieht, hat es den Anschein, als würde sich Eça liebevoll über den Inbegriff seiner Jugendtorheiten beugen. So hat ihn dieses Figurengespann mit seiner Heimat ausgesöhnt und uns ein ungekräuseltes, rundum heiteres Alterswerk geschenkt.

Eça de Queiroz' Roman Stadt und Gebirg (A Cidade e as Serras) *ist 1963 im Manesse Verlag, Zürich, erschienen.*

Fegefeuer in Comala

Juan Rulfo (1918–1986)

Literarische Größen, gar nationale Würdenträger pflegen ihre Geltungsansprüche auch auf dem Büchergestell zu behaupten. Ihre gesammelte Behäbigkeit in Leder und Goldschnitt benötigt viel Platz, den freilich mancher Bücherliebhaber eher seinen kleinwüchsigen Schützlingen einräumen mag. Nun gibt es ausgerechnet in Lateinamerika, wo die literarischen Gebilde dschungelsatt ins Kraut schießen, den Fall, dass die überragende Bedeutung eines Autors auf einem Oeuvre von gerade 300 Seiten beruht. Der Geschichtenband *Der Llano in Flammen* (1953) und der Roman *Pedro Páramo* (1955) haben Juan Rulfo in seiner mexikanischen Heimat auf Anhieb Ruhm eingetragen, der über den ganzen südamerikanischen Kontinent ausstrahlte. *Pedro Páramo* wurde von Carlos Fuentes als «höchste Leistung des mexikanischen Romans» gepriesen, und Gabriel García Márquez gab zu Protokoll, er kenne Rulfos Roman in- und auswendig. Diverse Ehrungen blieben nicht aus, so die Verleihung des mexikanischen Staatspreises und die Mitgliedschaft in der Academia Mexicana de la Lengua. In gut 25 Sprachen übersetzt, fanden die 300 Seiten Prosa eine millionenfache Verbreitung. Wohl ließ sich der skrupulöse Autor 1980 dazu bewegen, auch noch die Filmnovelle *Der goldene Hahn* zu publizieren, aber ein erster Roman und mehrere spätere Projekte konnten offenbar seinen strengen Kriterien nicht genügen. Indessen schrieb er laut eigener Aussage unentwegt weiter.

Juan Rulfo war mit den sozio-kulturellen Gegebenheiten seines Landes ausgezeichnet vertraut. Als Angestellter der Einwanderungsbehörde (1935–1947) und ab 1962 als Publikationsleiter des Instituto Nacional Indigenista bereiste er die entlegensten Regionen Mexikos. Abgesehen von einem dreijährigen Intermezzo in Guadalajara, dem Hauptort seiner Heimatprovinz Jalisco, lebte er seit seinem fünfzehnten Lebensjahr in Mexico City, wo er in den maßgebenden literarischen Zirkeln verkehrte. Nebenbei beschäftigte er sich intensiv mit Photographie und schrieb mehrere Drehbücher für Spiel- und Werbefilme. Weltliterarisch fabelhaft versiert, reichte seine Belesenheit bis zu den von ihm geschätzten Schweizern Ramuz, Frisch und Dürrenmatt. So verwundert nicht, dass Rulfo die literarische Sache seines Landes öfter auch in Europa vertrat. Ein berufener Repräsentant par excellence, würde man meinen, und war es doch nur malgré lui. Zwar gründete er mit dreißig eine Familie, aber zeitlebens blieb er wie die Figuren seiner Erzählungen in sein Einzelgängertum verstrickt. Der scheue, linkische, nervös und stets etwas verhärmt wirkende Rulfo fühlte sich in Gesellschaft unbehaglich. Einen Besucher gemahnte er an einen «gequälten Landgeistlichen am Ende eines langen Tages». Was vermochten schon Ruhm und Prestige gegen das Leid der frühen Jahre! Mit sieben verlor Rulfo während der so genannten Cristero-Revolte seinen Vater, mit neun die Mutter, und da die einst begüterte Familie in dieser Zeit verarmte, wuchs der Knabe in einem Waisenhaus auf. Seither war für ihn die glühende Hügel-Landschaft von Jalisco von Tod und Gewalttätigkeit gezeichnet. Als er dreißig Jahre später die Stätte seiner Kindheit, die einst prosperierende Kleinstadt San Gabriel, beinahe ausgestorben antraf, hat sich ihm dieses Bild unauslöschlich eingeprägt und ist in die Nekropole Comala, die Ortschaft des Romans *Pedro Páramo*, eingegangen.

Das komplexe Gespinst von Rulfos Roman beginnt mit dem schlichten Satz: «Ich kam nach Comala, weil man mir gesagt hatte, dass mein Vater hier lebe, ein gewisser Pedro Páramo.» Der Sohn auf der Suche nach seinem Vater: Ein geläufiger Topos zeichnet sich ab, doch mit dem Subjekt und Objekt dieses Unternehmens hat es hier seine besondere Bewandtnis. Noch vor seiner Ankunft in Comala erfährt der Sohn von einem Eselstreiber, dass sein Vater tot ist, und als er bei einfallender Dämmerung durch das Dorf zieht, werden seine Sinne unablässig auf die Probe gestellt. Überall trifft er auf leere Häuser. Die alte Frau, bei der er Unterschlupf findet, erweist sich als ein ungreifbares, augenloses Wesen. Eine lastende Stille umfängt ihn, während es in seinem Kopf immer geräuschvoller zugeht. Denn mehr noch als das Unkraut nisten im verwitterten Gemäuer Erinnerungen, die ihn bedrängen und in seinem Innern laut werden. Kompakte Gegenstände, kaum reckt er die Hände nach ihnen aus, zerfallen.

Dem Leser ergeht es nicht viel besser. Hat er sich in herkömmlicher Manier dem Ariadnefaden des Ich-Erzählers anvertraut, um sich im Stimmenlabyrinth zurechtzufinden, wird er seinerseits detektivisch in die Pflicht genommen. In der Mitte des Buches entgleitet ihm nämlich der Erzähler in den Tod. Vielmehr ist er schon längst gestorben, denn sein eben gelesener Bericht, stellen wir verdutzt fest, wurde post mortem abgelegt und war mündlich an eine Grabesgefährtin adressiert. Aber auch die übrigen Bewohner des Landstrichs sind tot. Als unerlöste Seelen erdulden sie ein Fegefeuer, das ihnen der gnadenlose «Kazike» (Großgrundbesitzer) Pedro Páramo schon auf Erden bereitet hat. Dieser hatte sich nach der unter nie völlig aufgeklärten Umständen erfolgten Ermordung seines Vaters zum terroristischen Herrscher aufgeschwungen, indem er das verwahrloste Landgut Medialuna übernahm, dessen größte Schuldenlast durch eine einträgliche Heirat tilgte, weitere Gläubiger umbrachte, Geistliche, Beamte, Soldaten und Revolutionäre bestach, ruchlos Frauen vergewaltigte und schwängerte und schließlich die gesamte Dorfbevölkerung in seine Abhängigkeit brachte. Verkörpert Páramo einen Alptraum von Gewalttätigkeit und schrankenloser Willkür, trauert er am Ende doch nur jämmerlich wie Fitzgeralds Great Gatsby einer unerreichbaren Geliebten nach.

So scharf Rulfo das wüste Treiben Páramos ins Auge fasst und gegen das soziale Elend der übrigen Landbevölkerung abhebt, verbindet Herr und Knecht eine eigentümliche Komplizität der Hoffnungslosigkeit. Die am Rand auftretenden Revolutionäre eignen sich denkbar schlecht als Bürgen für eine Wendung zum Besseren, da sie sich aus kleinlicher Selbstsucht unverzüglich mit dem Klassenfeind arrangieren. Was immer die Menschen unternehmen, was immer ihnen zustößt, steht im Zeichen einer Schicksalsmacht, die jedem sein vereinzeltes Los zumisst. Die Gespräche, welche die Toten in ihren Gräbern führen, entsprechen denn auch eher Monologen: dem Ausdruck eines je individuellen, unbeschwichtigten Leidens. Freilich ruhen sie in der gleichen Erde, und es hat seinen guten Grund, wenn Pedro Páramo, erstochen von einem seiner vielen unerkannten Söhne, zuletzt auf dem harten Boden aufschlägt «wie ein Haufen Steine». Der Gutsherr fällt an das Land zurück, das ihm seinen Namen – páramo heisst auf Spanisch «ödes Land» – geliehen hat.

Juan Rulfos Roman Pedro Páramo *ist seit 1958 mehrmals im Carl Hanser Verlag, München, Wien, erschienen.*

Le piccole cose

Umberto Saba (1883–1957)

«La nostra bella Trieste, oft habe ich das ärgerlich gesagt, aber heute abend meine ich es ehrlich», schreibt James Joyce 1909 seiner Frau Nora. Ärger und emphatische Zuneigung – sie haben auch das Verhältnis des großen Lyrikers Umberto Saba zu seinem Heimatort bestimmt. Ist Joyce Triest, das ihn während rund elf Jahren beherbergte, dadurch verbunden geblieben, dass er im Familienkreis weiterhin dessen Dialekt sprach, hat Saba gelegentlich versucht, in Bologna, Mailand oder Rom Fuß zu fassen und ist doch immer wieder in die «più strana città» zurückgekehrt. Als das Merkwürdigste an diesem von Meer und schroffem Karst eingefassten, von kakanischer Architektur und merkantiler Betriebsamkeit durchzogenen Siedlungsgebilde mag erscheinen, dass es so gar nicht dem mediterranen Klischee des Volkstümlichen und Pittoresken entspricht. Gerade diesem Mangel verdankte Saba seine dichterische Eigenart, und wenn ihn die kulturelle Randständigkeit Triests oft schwer ankam, war sie dem Außenseiter zugleich Vorbild seiner eigenen literarischen Position.

Geboren wurde Umberto Poli – das Pseudonym Saba wählte er in Anlehnung an seine geliebte Amme – unter lauter Misslichkeiten. Der Vater, ein italienischer Möbelhändler, hatte seine jüdische Gattin noch vor der Geburt des Kindes verlassen. Zwar empfand Saba rückblickend seine ersten drei Jahre, die er bei seiner Amme verbrachte, als Paradies, aber die spätere Obhut der grämlich-stolzen Mutter und zweier

Tanten erlebte er als dumpf und freudlos. Die frühe Ungeborgenheit zeitigte einen verstümmelten Werdegang durch Gymnasium, Handelsschule, eine kaufmännische Lehre, ein Schnupperjahr an der Universität Pisa und journalistische Kostproben in Florenz. Schon damals machte ihm ein neurasthenisches Leiden zu schaffen, das ihn fortan periodisch heimsuchte und als «stummer Schmerz» seine Verse grundierte. 1909 heiratete er Carolina Wölfler und bewohnte mit ihr und der ein Jahr später geborenen Tochter Linuccia ein Haus auf dem Triestiner Hügel Montebello. Hier huldigte er seiner Lina in einem Gedicht, das zur Feier ihrer Eigenschaften ein ganzes ländliches Bestiarium aufbietet. Sein 1911 publizierter Erstling *Poesie* schlug den für ihn bezeichnenden schlichten Ton an, eine Sensation, die von den durch den rhetorischen Schall und Wahn eines d'Annunzio verdorbenen zeitgenössischen Ohren überhört wurde. Den Ersten Weltkrieg verbrachte er vorerst begeistert und zunehmend ernüchtert im Hinterland, und als er in das neuerdings Italien zugehörige Triest zurückkehrte, kaufte er sich an der Via San Nicolò 30 ein Buchantiquariat. Zu seinem eigenen Erstaunen gewährte ihm diese «Höhle» während zwanzig Jahren ein Refugium. In dieser Zeit brachte er – zum Teil im Selbstverlag – eine Reihe von Gedichtbänden heraus und empörte sich im Stillen über den siegreichen Faschismus, ohne seine Zurückgezogenheit preiszugeben. 1943 tauchte er in Florenz unter, von Furcht gepeinigt, als Halbjude der deutschen Besatzungsmacht ausgeliefert zu werden. Von diesem Schrecken sollte er sich in der Nachkriegszeit nicht mehr erholen. Zwar erschienen jetzt seine Bücher bei Mondadori und Einaudi, und es fehlte nicht an Zeichen öffentlicher Anerkennung, aber er konnte sich seinen Phobien nicht entwinden. Noch am ehesten gereichte ihm die «geflügelte Art» zum Trost, der er 1951 seinen letzten Gedichtband *Uccelli* widmete. Immer öfter musste er in Kliniken Zuflucht suchen, und in einer solchen entschlief er 1957, neun Monate nach dem Tod seiner Frau.

Umberto Saba hat in vier von Mal zu Mal revidierten und erweiterten Fassungen die Ernte seines lyrischen Schaffens eingebracht und – nicht gerade bescheiden – unter dem Titel von Petrarcas klassischer Sammlung *Canzoniere* publiziert (1921–1957). In einem ausführlichen Kommentar zu seinem Werk bezeichnet er dieses gleich zu Beginn als «Naturereignis». Das könnte leicht hybrid anmuten und meint doch zunächst den jeden Leser beglückenden Umstand, dass diese Texte nicht vorsätzlich nach Originalität und Ruhm prätendieren, sondern ihre Rechtfertigung aus einem unwillkürlichen Ausdrucks- und Gestaltungsbedürfnis beziehen. Nach dem hübschen Bild seiner Tochter Linuccia schrieb er ebenso notwendig Gedichte, wie die Henne ihre Eier legt. Die Gedichte haben ihm über manche Lebenskrisen hinweggeholfen, auch wenn er sich in diesem seinem «psychologischen Roman» (Saba) davor hütete, seine Depressionen zu zerreden. Man stößt aber darin auf das finstere griechische Motiv: «Nicht geboren zu werden ist das beste», und die Sehnsucht, ins Nichts einzugehen, wird an mehreren Stellen artikuliert. Dabei ist Saba trotz solcher Anfechtungen von einer inständigen Liebe zum Dasein erfüllt. Er bejaht das Leben in sämtlichen Manifestationen, doch seine entschiedene Vorliebe gilt den banalen, wenig beachteten und oft für nutzlos gehaltenen Phänomenen: den «kleinen Dingen». Diese findet er in der heimatlichen Region zuhauf. Von einer dunklen Folie, die ihn oft melancholisch stimmt, heben sie sich fast unmerklich ab oder leuchten wie Epiphanien in sein Gesichtsfeld. Dem Unscheinbaren werden aber nicht nur solche Erfahrungen, sondern auch deren sprachliche Gestalt abgewonnen, die sich, ungeachtet der formalen Durchbildung, ganz dem Alltag anschmiegt. Seinem eigenen Bekenntnis zufolge schätzte Saba «abgegriffene Wörter» (trite parole) und den ausgelaugten Reim fiore/amore, «den ältesten und schwierigsten der Welt». Zahlreiche Diminutive bezeugen, wie er mit Menschen, Tieren, Pflanzen und einzelnen Gegenständen einen geradezu zärtlichen Umgang pflegte. So berühren ihn etwa ein Baum, ein Straßenbrunnen, ein altgedienter Rauchfang durch ihr tapferes Ausharren, das kein Wesens von sich macht. Er weiß um seine trüben Tage und freut sich dennoch am Trug der Morgenröte, die vorgibt, die Welt neu zu erschaffen. Schon der rote Kamm eines Hühnchens, das auf einem Rasenfleck an der wahrhaft mitleiderregenden Via della Pietà herumscharrt, verheißt ein bisschen Hoffnung.

Im Gedicht *Mittag im Winter* beschert ihm ein türkisblauer Luftballon, der am Himmel schwebt und womöglich eben der Hand eines Knaben entglitten ist, eine kurze, freilich von Trauer umflorte Freude. Schließlich gilt es des Knaben zu gedenken, der vielleicht haltlos weint. Auch einige Wölkchen, die im Sonnenlicht entflammten Fenster und ein Rauchfaden tragen zur Gesamtwirkung bei. Dass sich aber Saba unterfängt, das Gefühl dieses Augenblicks «glücklich» zu nennen – «Gott möge mir das große und schreckliche Wort verzeihen».

Ausgewählte Gedichte von Umberto Sabas Canzoniere *sind jeweils zweisprachig bei Piper, München 1991, und Klett-Cotta, Stuttgart 1997, erschienen.*

Der lachende Dritte

Saint-Évremond (1613–1703), Radierung von Peter Halm.

Wer seine Schriften liest, wird kaum von jenem «Schauer» (frisson) durchrieselt, der laut Nabokov die oberste Stufe literarischer Verzauberung anzeigt. Unser Dilettant von hohen Graden, Charles de Saint-Denis, Herr von Saint-Évremond, affiziert weniger das Rückenmark als Herz und Verstand, die bei ihm selber vorzüglich ausgebildet waren und in beneidenswertem Einklang sein Wesen bestimmten. Einmal trug er einer Dame seine Liebe an und stellte das Übrige getrost ihrer Entscheidung anheim, indem er beteuerte: «So wie ich ohne allzu heftige Erregung von der Freundschaft zur Liebe übergehen kann, so kann ich auch mit geringer Anstrengung von der Liebe wieder zur Freundschaft zurückkehren.» Infolgedessen blieb er ledig, aber durchaus empfänglich für weibliche Reize. Franz Blei hat an seinem klug taktierenden epikureischen Genießertum den Begriff des Lebenskünstlers gewonnen. Den Umgang mit Freunden zog er dem Erzappeln einer Karriere vor. Konversation im kleinen Kreis galt ihm mehr als schriftstellerischer Erfolg, der ihm sozusagen aufgenötigt wurde, da er sich nicht um die Publikation seiner Texte kümmerte. Er war stets gewillt, für acht Tage irdischen Glücks acht Jahrhunderte Nachruhm zu opfern. Der Widerstreit der Meinungen erzog den universal Gebildeten zur Skepsis, die ihn wiederum vor Verbitterung schützte. Schließlich funkelte vor der Folie solch klirrend ausgetragener Torheiten umso anmutiger sein «bon sens», der ihm manch geschliffenes Bonmot eingab. Daher lässt uns seine delikate, deliziöse Prosa nicht unbedingt erschauern, aber bereitet uns – wie André Gide 1940 in seinem Tagebuch notierte – bis heute ein unverächtliches «Entzücken» (ravissement).

Als drittes Kind einer gediegenen Adelsfamilie wurde er 1613 auf dem elterlichen Gut Saint-Denis in der Normandie geboren. Sein Vater hatte ihm eine juristische Laufbahn zugedacht, doch 1630 trat Saint-Évremond der Armee bei, die ihn während 28 Jahren unter ihre Fuchtel nahm. Der Dreißigjährige Krieg und der Aufstand der Fronde sorgten zur Genüge für Feldzüge, die ihm neben willkommenen Avancements und Einkünften etliche Wunden bescherten. Dem kriegerischen Handwerk mäßig zugeneigt, waren eher die geselligen Winterlager nach seinem Gusto, die ihm die Gelegenheit boten, seinen Witz zu üben. Durch eine Unbotmäßigkeit verdarb er es mit dem allmächtigen Minister Mazarin, der ihn bereits 1653 für drei Monate in die Bastille gesteckt hatte und sieben Jahre später wegen eines politisch verfänglichen Briefs erneut unter Anklage stellte. Saint-Évremond entzog sich dem Haftbefehl nach England, wo der verbannte Generalmajor die zweite Lebenshälfte zubrachte. Am Hof Charles II. war er unter Diplomaten, Beamten, Gelehrten und privilegierten Müßiggängern gern gesehen. Hier fand er für seine geistreichen mündlichen und schriftlichen Divertissements ein geneigtes Publikum. Seine Schriften zirkulierten sogar in Frankreich und beförderten die Persona non grata zum höchst erwünschten Autor. Dennoch dachte er nie ernstlich an eine Heimkehr, und als 1665 in London die Pest ausbrach, wich er für ein paar Jahre nach Holland aus. Dann lockte ihn Charles II. wieder nach England und ernannte ihn zum Gouverneur einer unbewohnten Insel, welche die königliche Küche mit Enten belieferte. Seine letzten 25 Jahre waren dem Minnedienst gewidmet. Eine hinreißende Nichte seines Widersachers Mazarin, Hortense Mancini, zog den ansonsten tadellos funktionierenden Graukopf in ihren Bann. Zu platonischem Wohlgefallen verknurrt, duldete er brav ihre Launen, musterte den Reigen der statt seiner begünstigten Liebhaber und machte sich nützlich, indem er etwa in Abwesenheit seiner Adorata deren Haustiere fütterte. Über Glanz und Elend des Alterns – Letzteres hatte ihm eine Geschwulst auf die Nasenwurzel gehext – korrespondierte er in heiterem Austausch mit der Kurtisanin Ninon de Lenclos. Als sich Hortense 1699 zu Tode trank, war es freilich mit der Gelassenheit vorbei. Zum ersten Mal ordnete er nun seine Manuskripte, bis er 1703 starb. Zwei Jahre später wurde ihm ein Ehrengrab im Poet's Corner der Westminsterabtei errichtet.

Saint-Évremonds ‹Werk› – man zögert, das pompöse Wort zu verwenden – erweist sich als kaleidoskopisches Gebilde, dessen bunte Scherben nicht viel anderes wollen, als den Autor und seine Adressaten gescheit zu unterhalten. Dabei sind die Texte sorgfältig konzipiert und sprachlich ausgefeilt. Das schöne Wort von Hermann Broch über Alfred Polgar, dieser könne an der Oberfläche Tiefseefische fangen, charakterisiert auch Saint-Évremonds philosophische, literaturkritische und satirische Betrachtungen.

Unter den zu verschiedenen Anlässen entstandenen Opuscula hat eines glorios überlebt. Es trägt den spröden Titel *Ein Gespräch des Marschalls von Hocquincourt mit dem Pater Canaye* und behandelt auf knapp zehn Seiten den damaligen Religionsstreit zwischen den Jansenisten und Jesuiten. Während die nach ihrem Begründer Jansen genannte katholische Erneuerungsbewegung die Unerforschlichkeit des göttlichen Willens pointierte und in die Nähe der calvinistischen Prädestinationslehre geriet, vertrat die politisch schmiegsamere «Gesellschaft Jesu» die bewährten Heilmittel praktischer Vernunft und gottgefälliger Taten. Eine ad nauseam trockene Materie, würde man meinen, doch welch possierlich knisternden und züngelnden Wortwechsel entfacht Saint-Évremond aus dem theologischen Stroh! Zu diesem Zweck stehen ihm zwei wackere Disputanten zu Gebote: ein für robuste Ausdrucksweise und Tapferkeit gleicherweise reputierter Haudegen und ein mit beweglicher Lebenslust und -list gesalbter Jesuit. Der Marschall bekennt sich in bezeichnender Reihenfolge zu Krieg, Mätresse und Philosophie, und wie er an würzigen Beispielen demonstriert: je nachdem, ob ihm bei seinen Unternehmungen ein Jesuit oder Jansenist in die Quere kam, wechselte er das religiöse Lager. Bei diesem Zickzack von Konversionen kann Pater Canaye nicht umhin, bald den Teufel, bald die wundersame göttliche Vorsehung anzurufen. Indessen begeistert ihn am meisten Hocquincourts Prahlerei, sich für die Religion kreuzigen zu lassen, «ohne zu wissen warum». «Keine Vernunft», das wäre nach seiner Kasuistik das tiefsinnigste Glaubenszeugnis. Nachdem ihm aber das temperamentvolle Pferd des Marschalls einerseits zu ungeahnten Jagdehren verholfen, anderseits den Hintern gründlich versohlt hat, gesteht er «mit dem Freimut eines Kriegsmannes»: Nicht theologische Spiegelfechterei, sondern krude «Eifersucht in der Seelsorge» sei am grimmigen Zwist der Jansenisten und Jesuiten schuld.

Saint-Évremond scheint sich jeglicher Stellungnahme zu enthalten, aber dem Urheber der ergötzlichen Szenen fällt *ein* Part gleichsam von selber zu: der des lachenden Dritten, den er mit seinem Komplizen – Baudelaires «hypocrite lecteur, mon semblable, mon frère» – bereitwillig teilt.

Saint-Évremonds Schriften und Briefe sind in zwei Bänden auf Deutsch im Georg Müller Verlag, München 1912, erschienen. Auf Französisch ist eine sechsbändige Ausgabe bei der Société des textes français modernes, Paris 1962–1969, erhältlich.

Das ungelüftete Inkognito

Rahel Sanzara (1894–1936)

Als Johanna Bleschke, Tochter eines Musikers, wurde sie 1894 in Jena geboren. Ihre Angehörigen riefen sie Hanny oder Hans, und sie selber bevorzugte die männlichen Varianten Hans oder Hannes. Bei ihrem ersten Auftritt als Tänzerin wählte sie aus philosemitischen Gründen den Vornamen Rahel und auf Anregung ihres Lebensgefährten Ernst Weiss den Nachnamen Sansara, gemäss dem Sanskrit-Wort für «Wiedergeburt». Unter dem gleichen, nur um einen Buchstaben veränderten Pseudonym Sanzara schuf sie in den zwanziger Jahren eine literarische Sensation. Kafka nannte sie in seinem Tagebuch Hansi, und ihr Freund Albert Ehrenstein benutzte die briefliche Anrede Hänschen. Weiss huldigte ihr als Tanja, Leonore und Olympia in drei so betitelten Theaterstücken. Ihr unglücklicher Ehemann warb um die Zuneigung des widerspenstigen «kleinen Klaus». Diese Namen indizieren ein ungemütliches Lebensmuster mit vielen Windungen und Wendungen. Sie stehen für eine Unmenge von Rollen, selbst entworfene und fremdbestimmte, aber keine, die ihre Trägerin ganz ausfüllte. Sie umranken ein existentielles Inkognito, das sie selber nicht lüften konnte.

Indessen wusste sie früh, dass sie dem provinziellen Jena entfliehen würde. Da ihr weder die örtliche Handelsschule noch eine Buchbinderlehre in Blankenburg (Harz) auf die beruflichen Sprünge halfen, zog sie 1913 nach Berlin, wo sie den um zwölf Jahre älteren Arzt und Schriftsteller Ernst Weiss kennen lernte. Eine schicksalshafte Begegnung, wie man zu sagen pflegt, welche die beiden in eine über zwanzig Jahre dauernde Partnerschaft verstricken sollte. Johanna wurde umstandslos in die vergrübelte, von Triebhaftigkeit und Gefühlskälte dominierte Welt des Romanciers aufgenommen, wo ihr die Figur der Femme fatale zufiel. Zweifellos empfing ihre schwebende, an keine bestimmte Disziplin gebundene Gestaltungskraft manche Anregung durch Weiss, jedoch um den Preis einer fremden Stilisierung, gegen die ihr Freiheitsbedürfnis aufbegehrte. Nach einer kurzen, von Weiss finanzierten Ausbildung im Ausdruckstanz trat sie 1916 in einer Pantomime auf, die sie als flitterbehangene Sklavin vor den Drohgebärden eines Gorillas und eines menschlichen Ungeheuers einen pittoresken Tod erstrampeln ließ. Ein Jahr später gab sie ihr Debüt auf der Kino-Leinwand, das sie selber peinlich fand. Mit der Bühne hatte das Gespann Sanzara-Weiss Seriöseres vor. Während Rahel in München Schauspielunterricht nahm, schrieb ihr Weiss ein Theaterstück auf Leib und Seele, das die beiden gewissenhaft einübten. Als dieses Revolutionsdrama *Tanja* 1919 in Prag aus der Taufe gehoben wurde, feierte die Sanzara als ruchlose, von kruden Begierden und Affekten gepeitschte Titelheldin einen überwältigenden Triumph. Der Part der frostig schönen und horribile dictu «dämonischen» Frau wurde nunmehr zu ihrem Fach, das sie an diversen Schauspielhäusern mit einigem Erfolg spielte. Allerdings fiel sie 1924 in Berlin mit ihrer Paraderolle Tanja durch und beendete ihre Bühnenlaufbahn. In depressiver, fast nur von Ernst Weiss durchbrochener Abgeschiedenheit schrieb sie 1925 den Roman *Das verlorene Kind*, der, wie immer er entstanden sein mag, eine bravouröse erzählerische Leistung darstellt. Vom Verlagsimperium Ullstein lanciert, wurde die Autorin binnen weniger Wochen zum Shooting Star, dem das Kunststück gelang, die Bewunderung so konträrer Geister wie Gottfried Benn, Albert Ehrenstein und Vicky Baum zu erringen. Rahel Sanzara fasste neuen Lebensmut und 1927 gar den verwegenen Entschluss, die Ehe mit einem reichen Börsenmakler einzugehen, die nach sechs Jahren an ihrem rigiden Einsiedlertum scheiterte. Auch alles Übrige nahm einen schlimmen Verlauf. Ein zweiter Roman, *Hochzeit der Armen*, blieb 1934 im Druckfahnenstadium stecken, da er nicht der neuerdings erwünschten «sportgebräunten Literatur» (Sanzara) entsprach. Von ihren seither verschollenen Manuskripten wurde nur noch der eher dürftige Roman *Die glückliche Hand* 1933 in der *Vossischen Zeitung* publiziert. Insbesondere aber erkrankte sie an einem Magengeschwür, das sie zu unzähligen Behandlungen und einer chirurgisch verpatzten Operation zwang und das zuletzt als Unterleibskrebs diagnostiziert wurde. Im Februar 1936, am Vortag ihres 42. Geburtstags, erlag Rahel Sanzara in einer Berliner Klinik ihrem Leiden.

Fast mehr als der anstößige Inhalt hat die zeitgenössischen Gemüter der Umstand provoziert, dass der Roman *Das verlorene Kind* von einer Frau geschrieben wurde. Man lobte oder tadelte seine robuste Darstellungskraft und war schnell bereit, diese mit weiblichem Zartsinn angeblich unvereinbare Qualität auf einen männlichen Urheber zurückzuführen. Tatsächlich ist die Nähe von Ernst Weiss, der die Entstehung des Romans begleitet hat, bis in einzelne Themen zu spüren. Leider hat sich Weiss höchst widersprüchlich zu seiner Patenschaft geäußert. Am ehesten dürfte der Lektor Max Krell den Sachverhalt treffen, der von stilkritischen Untersuchungen bestätigt wird: «Der Roman hatte Geist von seinem (Weiss') Geist, aber nicht Wort von seinem Wort.»

Erzählt wird ein Kriminalfall aus dem 19. Jahrhundert, dessen Begebenheiten die Autorin souverän ihren epischen Zwecken anverwandelt. Der introvertierte Einzelgänger Christian B. hat in jungen Jahren einen Gutshof im nördlichen Deutschland gepachtet, den er mit Familie und Gesinde mustergültig bewirtschaftet. Da bricht das Grauen in die heile bäuerliche Welt ein. Die von allen vergötterte Anna, Christians vierjährige Tochter, wird von Fritz, dem pubertierenden Sohn einer Magd, bestialisch ermordet und in einer Scheune verscharrt. So entsetzlich sich diese Tat ausnimmt, war Fritz, der unerwünschte Spross einer Vergewaltigung, dabei selber zum willenlosen Opfer seiner destruktiv aufkeimenden Sexualität geworden. Lange Zeit sucht man umsonst nach dem vermeintlich entführten Kind. Dann wird seine Leiche entdeckt, der Mörder überführt und zu einer fünfzehnjährigen Gefängnisstrafe verurteilt. Inzwischen verödet der Hof, zerfällt dessen einträchtig kooperierende Gemeinschaft. Annas Mutter stirbt in geistiger Umnachtung, und der von unstillbarer Trauer beschlagene Vater dämmert dahin. Doch Christian wird nicht von Rachegefühlen erfüllt. Nach einem schmerzlichen Läuterungsprozess fügt er sich in sein Schicksal, und als der Zerstörer seiner Familie in die Freiheit entlassen wird, nimmt er ihn bei sich auf und sorgt für ihn bis an sein Lebensende.

Es war das ausdrückliche Anliegen der Autorin, «dem Bösen das gleiche Maß an Gutem entgegenzusetzen». Dennoch vertritt sie keine dualistische Weltsicht, sondern unterstellt beide Prinzipien der nämlichen Ordnungsmacht. Die in eindrücklicher Sprache beschworene Gewalt der Natur bereitet ihren Figuren ein ausweglos-tristes Dasein, das – wie das wiederkehrende Adjektiv beharrlich festhält – das Kind ebenso wie seinen Mörder, im Grunde genommen alle Menschen als «verlorene» Kreaturen ausweist.

Rahel Sanzaras Roman Das verlorene Kind *ist zuletzt 1997 als Taschenbuch im Suhrkamp Verlag, Frankfurt/Main, erschienen.*

Heimatkunde

Anna Seghers (1900–1983)

Den Zusammenbruch der real existierenden Sozialismen hat kein Autor, der einem dieser Konstrukte verpflichtet war, unbeschadet überstanden. Auch das Bild Anna Seghers', dieser tapferen Antifaschistin, liegt unter dem Schutt jenes Staates begraben, der sie 34 Jahre als Galionsfigur benutzte. Sie war keine Opportunistin. Macht und Privilegien haben sie nicht gelockt, und auch als Vorsitzende des DDR-Schriftstellerverbandes hat sie nie einem platten Realismus gehuldigt. Sie war ihrer «Sache» ergeben, die sie auf dem «anderen Ufer» – so ihr euphemistischer Trug – zukunftsträchtig aufgehoben wähnte. Ausgerechnet sie, die einst ihren schöpferischen Impetus aus dem Widerstand gegen soziale Ungerechtigkeit bezogen hatte, nahm die staatlichen Repressionen ihrer Wahlheimat schweigend hin. Solche Duldsamkeit hat ihr spätes Schaffen gelähmt und ihr früheres, das sie als Humanistin und große Erzählerin zeigt, beinahe vergessen lassen.

Geboren wurde sie im Jahr 1900 als Netty Reiling, Tochter eines jüdischen Antiquitätenhändlers in Mainz. Hier absolvierte sie den üblichen Bildungsweg der Tochter aus gutem Haus, dem sie allerdings schleunigst zu entrinnen suchte. Die Nachkriegswehen und die Oktoberrevolution hatten das Gemüt der Gymnasiastin aufgewühlt. Aber in Mainz empfing sie auch jenen «Originaleindruck», der fortan ihr Schaffen prägte: den Inbegriff eines vertrauten Landschafts- und Lebensraums, durchzogen vom Rhein, der ihr Heim- und Fernweh nährte. Mitte der zwanziger Jahre in Heidelberg, wo sie ihr Studium mit einer Dissertation über Rembrandt abschloss, entschied sich ihr Werdegang. 1924 publizierte die *Frankfurter Zeitung* ihre erste Erzählung, und zwei Jahre später heiratete sie den ungarischen marxistischen Pädagogen László Radványi. Unbehagen in der bürgerlichen Enge, ihr soziales Gewissen und das Bedürfnis nach einem politischen und privaten Obdach bewogen sie 1928, der Kommunistischen Partei beizutreten. Im selben Jahr erschien unter dem – einem Künstlerkollegen Rembrandts entliehenen – Pseudonym «Seghers» der Roman *Aufstand der Fischer von St. Barbara*, und da das Titelblatt keinen Vornamen trug, waren die Rezensenten geneigt, die herbe Prosa einem Mann zuzuschreiben. Die Zeitläufte boten der Genossin ohnehin kaum die Gelegenheit, ihre ‹weibliche› Seite zu kultivieren. 1933 musste sie mit Radványi und ihren zwei Kindern nach Frankreich emigrieren, 1940 nach Mexiko, das ihr bis 1947 Asyl gewährte. In dieser Periode erwies sich Anna Seghers als tatkräftige Helferin, ebenso besorgt um das Wohlergehen ihrer Familie und Freunde wie um ihre publizistischen Anliegen. Die zunächst auf Englisch erschienenen Meisterwerke *Das siebte Kreuz* (1942) und *Transit* (1944) schildern in packenden Tableaux die Passionswege gehetzter und vertriebener Menschen, die wider alle Barbarei an der Hoffnung auf bessere Zustände festhalten. Dass sie sich diese alsbald von der Sowjetunion und deren Trabantenstaat versprach, gereichte ihr zur künstlerischen Fatalität. Wohl flackerte in einzelnen Erzählungen ihre Begabung wieder auf, aber die Romane, die sie sich affirmativ-beflissen über die Arbeitswelt der DDR abrang, missrieten gründlich. Die weißhaarige Rückkehrerin aus dem Exil starb 1983, nach einem mit Preisen, Würdigungen und

Repräsentationspflichten reich befrachteten Leben, in einem Ost-Berliner Altersheim.

Im Juni 1943 wurde Anna Seghers in Mexico City von einem Bus angefahren und erlitt einen schweren Schädelbruch. Wochenlang schwebte sie zwischen Leben und Tod. Die Novelle *Der Ausflug der toten Mädchen*, die sie nach ihrer Genesung verfasste, steht im Zeichen des wiedererlangten Bewusstseins. Genauer: Die Überwindung der eigenen Amnesie mag sie dazu befähigt haben, gegen die nationalsozialistische Verblendung, mithin den Gedächtnisverlust ihrer Landsleute anzuschreiben. Sie tat dies, wie in keinem andern Text, unverstellt in der eigenen Person, auch wenn sie hauptsächlich als Augenzeugin und Chronistin auftrat.

Zu Beginn des Textes befindet sich die Erzählerin in einer mexikanischen Mondlandschaft und wird selber von den Einheimischen als ein Wesen vom Mond empfunden. In der Ferne erblickt sie eine weiße Mauer, die sie magisch anzieht. Dabei gab es «nur noch eine einzige Unternehmung, die mich anspornen konnte: die Heimfahrt». Auf einem Weg, «so weiß, daß er in die Innenseiten der Augenlider geritzt schien, sobald ich die Augen schloß», erreicht sie die Mauer, passiert ein Tor und wird von traulichen Farben, Geräuschen und Gerüchen umfangen. Der eben noch von Dunst und Müdigkeit beschlagene Blick erkennt zwei Mädchen, ihre engsten Schulfreundinnen Leni und Marianne, die auf einer Schaukel wippen. Die Szenerie erweitert sich zu einer Gastwirtschaft am Rhein mit Spielplatz und Terrasse, auf denen sich eine Mädchenklasse tummelt, und sie mittendrin, Netty, die vor ungläubiger Bestürzung ihre «zwei dicken Zöpfe» packt. Später trifft eine Knabenklasse ein, darunter der schlaksige Junge Otto, der mit Marianne ein Liebespaar bildet, «wie es die Natur selbst geplant und zusammengefügt hat», das aber der Erste Weltkrieg auseinander sprengen sollte.

«Traum-Nüchternheit» hat Konrad Farner die Evokationskunst dieser Novelle genannt und damit mehr als nur deren halluzinatives Klima bezeichnet. Anders als Odysseus seinen Gefährten in der Unterwelt begegnet Netty ihren Kameradinnen im hellen Licht der Idylle. Diese genießen in unbescholtener Eintracht den Schulausflug, und nur die nüchterne Tagträumerin Netty weiß um die Schatten, die sich in den folgenden dreißig Jahren auf die ephemere Fröhlichkeit legen werden. Hinter das Glück der Ausflügler blendet sie das blutige Ergebnis zweier Weltkriege und eines Terror-Regimes: die abgerissenen Lebensläufe jener, die in Würde bestanden, aber auch die Schande der Mitläufer, Anhänger, Denunzianten und Schergen. So gewissenhaft sie die Heldenmütigen von den Feigen, die Opfer von den Tätern scheidet, ihre Klage wird nicht von Hass diktiert. Wenn Netty der «höheren Pflicht» gehorcht, sich «die winzigsten Einzelheiten für immer zu merken», notiert sie Lenis Apfelgesicht, Mariannes Anmut, Gerdas Stutenkopf, Lores «großen, roten, genäschigen Mund» oder die weißen Strähnen im «duftig braunen» Haar einer Lehrerin. Der Ausflug, der an das kommende Unheil mahnt und es zugleich entrückt, will in seinem abenteuerlichen Glanz unvermindert zur Darstellung gelangen. Denn der Autorin dämmert die Einsicht, «daß vornehmlich unser Schwarm aneinandergelehnter Mädchen, stromaufwärts im schrägen Nachmittagslicht, zur Heimat gehörte».

Anna Seghers' Novelle Der Ausflug der toten Mädchen *ist als Taschenbuch im Aufbau Verlag, Berlin 1997, erhältlich.*

Die Wonnen der Aufzählung

Sei Shonagon (ca. 968–ca. 1025), gezeichnet von Masami Iwata

Das Gütesiegel des ‹Klassikers› – wer wird den damit behafteten Büchern ihre Qualität absprechen, doch nur wenige lesen sie freiwillig und ohne geheimen Widerstand. Und nun gar ein tausend Jahre zurückliegendes Exotikum aus Japan! Das schmeckt nach der Zumutung präliminarischer Kenntnisse, die erst noch erworben sein wollen; man ist um Abwehrreflexe nicht verlegen. Dabei könnte man sich für einmal auf die Vorteile zeitlicher und kultureller Ferne besinnen. Zwar fällt es schwer, die Originalität solcher Gebilde angemessen zu beurteilen, doch gerade dieser Umstand birgt den Reiz, dass dem geneigten Leser überall aparte Befremdlichkeiten auflauern. Ungewohntes und Vertrautes reiben sich aufs Erhellendste aneinander, wobei man gut daran tut, die Mahnung von Ernst Bloch zu beachten: «Nichts ist in der Fremde exotisch als der Fremde selbst.» So hat es seinen guten Grund, dass Cees Nooteboom auf die Reise durch das heutige Japan das *Kopfkissenbuch* der Sei Shonagon mitnahm und der für jederlei Serialität empfängliche Peter Greenaway in seinem Film *The Pillowbook* (1997) diese unersättliche Reihen-Herstellerin als eine Art Vorläuferin entdeckte.

Zweifellos sind die Aufzeichnungen der Hofdame Sei Shonagon unter einzigartigen Bedingungen entstanden. Die Heian-Periode (795–1192), das goldene Zeitalter Japans, erlaubte der herrschenden Elite von Kioto eine bis ins Aberwitzige verfeinerte höfische Kultur, die welthistorisch nicht ihresgleichen hat. Wissenschaft und kriegerische Zucht galten wenig neben dichterischen und kalligraphischen Fertigkeiten, Musik, Tanz und einer anmutig zu befolgenden Etikette. Angesagt war ein gepflegter Müßiggang, der durch Ausflüge, Spiele, Feste und vor allem Liebeleien in den Grenzen des Erträglichen gehalten wurde. Unter dem Diktat einer streng formalisierten Schicklichkeit konnten die Triebe freilich nicht so recht gedeihen. Fast jeder Lustgewinn musste mit komplizierten Höflichkeitsgesten und einem ad hoc ersonnenen und untadelig hingepinselten Gedicht bezahlt werden. Die Frauen waren zwar von der politischen Macht ausgeschlossen, gewannen aber im letzten Jahrhundert der Heian-Zeit in literarischen Dingen die Oberhand. Während die gebildeten Männer ihre Talente an chinesisch verfasste Geschichtschroniken und Lyrik vergeudeten, glänzten die Frauen durch die schmiegsame japanische Prosa ihrer Romane und Tagebücher.

So viel steht fest: Die unter ihrem höfischen Rufnamen Sei Shonagon überlieferte, um 968 geborene Hofdame wusste sich mit diesen Verhältnissen ausgezeichnet zu arrangieren. Nach dem Tod ihres Vaters, eines angesehenen Dichters und Provinzgouverneurs, trat sie 25-jährig in den Dienst der zehn Jahre jüngeren Kaiserin Sadako. Darf man dem *Kopfkissenbuch* trauen, waren beide Frauen einander herzlich zugetan, was sich bei der Dienerin nicht von selbst versteht. Die ebenso stolze wie schlagfertige Sei Shonagon pflegte aus ihrer intellektuellen Überlegenheit keinen Hehl zu machen, und da sie zudem die libertinistischen Gelegenheiten des Hofs unbefangen auskostete, stellte ihr die sittenstrenge Kollegin Murasaki – Autorin des anderen Meisterwerks der Epoche, der *Geschichte vom Prinzen Genji* – eine düstere Zukunftsprognose. Zumindest verlieren sich ihre weiteren Lebensspuren im Dunkeln. Im Jahr 1000 starb ihre Gönnerin Sadako an den Folgen einer Geburt. Danach blieb Sei Shonagon nur noch kurze Zeit am Hof. Gerüchte erzählen von ihrem glanzlosen Dasein in Kioto, einem einsamen Aufenthalt auf der Insel Shikoku, von später Armut und sogar von Trunksucht. Wahrscheinlich zog sie sich in das «Kloster der Gelübde» Seiguanzi zurück, wo sie um 1025 starb.

Zwei Hebammen waren an der Geburt dieses Werks beteiligt: die Kaiserin und die Langeweile. Erstere schenkte ihrer Favoritin einen Stapel ausgesuchten Papiers, den diese zu ihrem literarischen «Kopfkissen» erkor, und Letztere sollte durch eben jenes tagebüchelnde Tun gelindert werden. Die Heimlichkeit des Kopfkissens diente der Autorin nicht etwa dazu, intime Geständnisse abzulegen, sondern vielmehr als Lizenz, «alles niederzuschreiben, was ich mit eigenen Augen gesehen und in meinem Herzen gedacht habe». Spontaneität war erwünscht, aber die vollblütige Literatin war natürlich viel zu ehrgeizig, um auf höchste ästhetische Ansprüche zu verzichten. Daher stehen ihre Notate inhaltlich wie formal im Zeichen der Sammlung und Zerstreuung. Unverkennbar ist ihr Bemühen, möglichst viele Aspekte des höfischen Alltags einzufangen, und befielen sie bisweilen Skrupel, da ihr auch «merkwürdige und unerfreuliche Dinge» in den Sinn kamen, wäre sie von ihrem enzyklopädischen Prinzip niemals abgewichen. So berichtet sie denn von ihren literarischen Exploits, etwa wie es ihr gelang, ein in die Runde geworfenes Zitat mit einem ähnlich hintersinnigen Bildungsversatzstück zu ergänzen, doch sie verschweigt auch nicht die kaiserliche Rüge, die sie empfing, als sie und ihre Gefährtinnen einmal versäumten, den Ruf des Kuckucks zu bedichten. Einer Jahreszeit, einer Tagstunde, einer Wetterlage, einem Raum und einer Konstellation von Menschen entsprechen jeweils bestimmte Begebenheiten. Was solche Voraussetzungen an Zufällen und kombinatorischen Zutaten noch erübrigen – einen Wolkenzug, einen Lichteinfall, die Farben eines Kleides, den Duft einer Blume oder den Klang einer Flöte – stiftet ihr unfehlbarer Geschmack. So halten sich ihre Schilderungen in der Schwebe zwischen dem, was ist, und dem, was sein sollte. Insbesondere schwelgt sie mit ihrer Neigung zu Systematik und sprunghafter Phantasie in «Listen», welche die Welt in positive und negative Erlebnisbereiche aufteilen. Offenbar feiert hier ihre japanische Sprachkraft Triumphe der Genauigkeit, wo im Deutschen zumeist nur ein blässliches Adjektiv zur Verfügung steht. Sei Shonagons Aufzählungen sorgen aber auch in unserer Sprache hinlänglich für Überraschungen. «Was das Herz erfreut»? – Ein eiliger Kutscher, sowie ein «Boot, das flußabwärts fährt», und ein «Schluck Wasser, wenn man mitten in der Nacht erwacht». «Was einem Schrecken einflößt»? – Eine «Brandstätte», gewiss ebenso eine «stachelige Wasserlilie». «Was verwirrend und befremdend wirkt»? – Die «Innenseite einer Stickerei» nicht weniger als «Katzenohren von innen». «Was fern, doch nah ist»? – Das «Paradies» und der «Abstand zwischen Mann und Frau». «Was nahe, doch fern ist»? – «Kaltherzige Geschwister / Verwandte / Der Zickzackweg auf den Berg Kurama / Die Zeit vor dem Jahreswechsel». Und wenn unsereinen das nächtliche Treiben der Mücken manchmal am Sinn des Daseins zweifeln lässt, könnte mich das euphemistische Wohlwollen der Autorin beinahe mit dieser Plage versöhnen: «Ihr Herumfliegen verursacht einen unangenehmen Luftzug, der schwach, aber recht spürbar ist.»

Fürwahr, Sei Shonagons zarter Umgang mit Papier und Schreibpinsel macht «geneigt, noch etwas länger auf dieser Erde zu verweilen».

Sei Shonagons Kopfkissenbuch *ist unter anderem im Manesse Verlag, Zürich 1952, erschienen.*

Die Saudade des Fliegenden Holländers

Jan Jacob Slauerhoff
(1898–1936)

Zu den fata libelli gehört dasjenige einer Flaschenpost, die nach langer Irrfahrt in ein Verlagshaus und von dort ans Gestade einer mehr oder weniger gastfreundlichen Leserschaft gespült wird. So erging es jedenfalls der deutschen Übersetzung von Jan Jacob Slauerhoffs Roman *Das verbotene Reich*. Ihren Urheber, den späteren Schelmenromancier Albert Vigoleis Thelen (1903–1989), verschlug es Anfang der dreißiger Jahre mit seiner Basler Gefährtin Beatrice nach Mallorca, wo ihn Not und Neigung dazu bewogen, Slauerhoffs jüngst erschienenes Werk aus dem Niederländischen zu übertragen. Leider konnte Thelens produktive Neigung zu dem «Heimwehbuch eines aufgejagten Dichters voller Weltschmerz, Weltverachtung und Mysterium» seine Not nicht lindern, denn wer hätte damals ein Buch dieses Titels in einem Deutschland publiziert, das sich gerade unverboten reichsmäßig aufblähte? Das Typoskript scheint Thelen auf den weiteren Lebensstationen durch Portugal, Holland und die Schweiz begleitet zu haben, bis sich eine findige Lektorin des Klett-Cotta Verlags seiner annahm und es 1986 in den Druck beförderte.

Etwas Odysseeisches hat den 1898 in der friesischen Provinzstadt Leeuwarden geborenen Jan Jacob Slauerhoff zeitlebens umgetrieben. Während sein Vater die Interieurs seiner

Kunden mit Tapeten, Teppichen und Möbeln ausstaffierte, ging der Sohn dem gepolsterten Dasein unaufhaltsam verloren. Die Lektüre der russischen Klassiker und französischen Symbolisten, etwa Rimbauds, erschlossen dem Gymnasiasten ein antibürgerliches Refugium. Die Verse des verwilderten bretonischen Dichters Tristan Corbière ergriffen ihn gar so heftig, dass er gleichsam als Corbières Wiedergänger dessen Lebensspuren nachreiste. Weitere Anregungen empfing er in einer Pfarrfamilie: War deren Vater für spiritistische Séancen und chinesische Kultur zuständig, sorgten zwei Töchter für amouröse Verstrickungen. Indessen zog Slauerhoff nach Amsterdam, studierte Medizin und befremdete die Zeitgenossen mit seinen von gefühlvollen Lyrismen und gröblichem Spott durchmischten Gedichten. Für eine ausschließlich literarische Laufbahn mochte er sich dennoch nicht entscheiden. Er beendete 1923 das Studium, um fortan als Schiffsarzt exotische Gewässer zu befahren. Dabei hatte er mit dem Verarzten seines Asthma- und Bronchitisleidens genug zu tun. Gegensätze waren Slauerhoff ebenso angestammt, wie sie ihn allmählich zerstörten. Er liebte und hasste seinen Beruf, das Meer, die Schiffe mit ihrer zusammengewürfelten Menschenfracht. Er sehnte sich nach fernen Ländern, die er höchst selten über die Hafenstädte hinaus erkundete. Er schrieb in stickigen Kabinen und breitete zu diesem Zweck ein rotbraunes Tischtuch aus, das ihm seine Tante geschenkt hatte. Der ungesellige Individualist heiratete eine Balletttänzerin und trennte sich von ihr, da sie mit ihm keine Familie gründen wollte. Hinter seinen Zynismen tarnte sich ein zartsinniger Romantiker, der von entlegenen Zeiten träumte, aber seine trostlose Gegenwart nüchtern einschätzte. In steter Folge schuf er einige Gedichtbände, Erzählungen, ein Theaterstück und drei Romane, die durchaus auf Anerkennung stießen. Nach dem Scheitern seiner Ehe suchte er sich mit einer deutschen Haushälterin in Tanger als Arzt zu etablieren, dann wieder nahm er sich einer ledigen Mutter in Costa Rica an und kehrte zuletzt völlig entkräftet von einer Dienstreise aus Südafrika zurück. 1936 starb Slauerhoff früh und keineswegs ‹vollendet› in Hilversum.

Der 1932 erschienene Erstlingsroman *Das verbotene Reich* ist ein in räumliche Weiten und zeitliche Fernen ausgreifendes Gebilde, das um eine einzige Mitte kreist: den Autor. Obwohl dieser nicht auftritt, wird immerzu *seine* Sache verhandelt. Doch was besagt das schon für ein erzählerisches Unternehmen, das in einem flirrenden Bereich aus Historie und Erfindung, Traum und Fata Morgana angesiedelt ist, das die gewohnten Dimensionen von Zeit, Ort und Handlung sprengt, dessen Figuren kaum wissen, wer sie sind, was sie tun oder wie ihnen geschieht, kurzum, das sich vorsätzlich selbst entgleitet. Und durch alles hindurch schlingt sich die trübe Geschichte des portugiesischen Kolonialreichs. In ihr, vielmehr in der seelischen Disposition der *Saudade* hat Slauerhoff sein eigenes Lebensgefühl wiederentdeckt: eine von Trauer umflorte, ungezielte Sehnsucht, die seit je um ihre Vergeblichkeit weiß. Die *Saudade* dieses Fliegenden Holländers kennt zudem ein schwelendes Bedürfnis nach Erlösung, das weder eine Senta noch das «verbotene Reich» des Ostens zu stillen vermag.

Dabei enthält Slauerhoffs Roman sämtliche Ingredienzen, die ein abenteuerliches Leseherz begehrt. Wenn er den Aufstieg und Niedergang der portugiesischen Kolonie Makao schildert, geizt er nicht mit bunten Spektakeln. Säbel werden geschwungen, Musketen abgefeuert, giftige Getränke gemischt. Man fiebert und schwitzt um Liebe und Macht. Militärs, Handelsleute und Geistliche treten gegeneinander an: Desperados, die an ihrer Beutegier zugrunde gehen. Slauerhoff am nächsten – zumal er ihn auch übersetzt hat – steht die tragische Figur des Dichters Luiz de Camões (ca. 1525–1580). Dieser stolze Kleinadlige rebelliert gegen die «Gesittung» seiner Zeitgenossen und fällt doch nur seinem Freiheitsdrang zum Opfer. Er verabscheut literarische Zirkel und Liebeleien, aber ausgerechnet mit einem Sonett gewinnt er die Gunst der umworbensten Dame, die leider bereits dem Infanten als Gattin vorschwebt. Folglich verbannt ihn der König in die Kolonien, wo sich immerhin sein Fernweh beschwichtigen könnte. Stattdessen beginnt ein Leidensweg von einer Gefangenschaft zur andern, der einstweilen in einer Grotte auf Makao endet. Hier schreibt Camões an seinem *Lusiaden*-Epos, zur höheren Ehre des Vaterlands, das ihm so übel mitgespielt hat.

War dem historischen Camões nach siebzehnjähriger Irrfahrt die Heimkehr, ein bisschen Ruhm und eine Pension aus der königlichen Schatulle beschieden, gönnt ihm Slauerhoff keine Ruhe. Er erfindet, als wär's ein Stück von ihm, einen irischen Bordfunker, der im 20. Jahrhundert auf den östlichen Meeren kreuzt, etliche Abenteuer besteht und von Trübsinn befallen wird. Das flottierende Dasein höhlt seine Identität aus, die alsbald gespenstisch von einem Camões *redivivus* besetzt wird. Als Paria verschlägt es ihn nach Makao, wo er vollends in die unerlöste Vergangenheit des portugiesischen Dichters eintaucht. Doch dann rappelt sich der Ire auf und beschließt, das Landesinnere Chinas zu erforschen. «Wenn das Glück auf Erden noch irgendwo zu finden wäre, dann muß es da sein, bei der ältesten Weisheit, der erhabensten Natur und dem reinsten Genuß.» Ob das gut geht? Halten wir uns an Walter Benjamins Diktum: «Nur um der Hoffnungslosen willen ist uns die Hoffnung gegeben.»

Jan Jacob Slauerhoffs Roman Das verbotene Reich *ist bei Klett-Cotta, Stuttgart 1986, erschienen.*

Das gespenstische Tierchen

Fjodor Sologub (1863–1927), gezeichnet von K. Somow.

In den Petersburger literarischen Salons um 1900 pflegte regelmäßig ein Herr zu erscheinen, der sich beim Eintreffen weiterer Gäste in den Hintergrund verzog, wo er eine schweigsame Stellung behauptete. Dem ungebärdigen Essayisten Wladimir Rosanow missfiel dies Gebaren, und so machte er eines Abends Anstalten, sich dem resoluten Schweiger auf den Schoß zu setzen, indem er dessen lautlose Anwesenheit zur Quantité négligeable erklärte. Von Rosanow gar zu einem «Backstein im Gehrock» proklamiert, beschied der Gehänselte seinem Peiniger: «Und ich, ich halte Sie für schlecht erzogen.»

Die Anekdote verrät etwas von der Provokation, die Fjodor Sologubs schillerndes Wesen auf die Zeitgenossen ausübte. Seine Fassade – die wachsame Höflichkeit, die monotone Stimme, das bleiche, mit Bart und Zwicker bewehrte Gesicht, die gelichtete Wölbung seines Schädels – gab nichts Inneres preis. Er gehörte zur ersten Generation der russischen Symbolisten, kämpfte für die Autonomie der künstlerischen Einbildungskraft, war für krause Mythologeme aufgeschlossen und unterschied sich doch markant von den Mitstreitern durch die schlichte Eleganz seiner Lyrik. Sein radikales «Umwerten aller Werte» brachte ihn als Satanist in Verruf. Der verquere Idealist nannte sich selber einen «Zauberer» und kannte die krude Wirklichkeit zur Genüge, um sie das Fürchten zu lehren.

Schon seine Herkunft ist ungewöhnlich. Fjodor Teternikow, wie sein richtiger Name lautet, wurde 1863 als Sohn ehemaliger Leibeigener in St. Petersburg geboren. Nach dem frühen Tod des Vaters verdingte sich die Mutter als Magd bei einer kultivierten Familie, wo Fjodor eine strenge, aber musisch anregende Erziehung genoss. Auffällig brav durchlief er die Grundschule, und nicht minder strebsam absolvierte er das Lehrerinstitut auf der Basilius-Insel. Indessen führte er bereits mit zwölf Jahren eine Art Tagebuch in Gedichten. Die Literatur gewährte ihm Trost für ein ödes Leben, doch dieses forderte seine Rechte. So zog er 1882 in die Provinz, wo er während zehn Jahren gewissenhaft die ihm zugemuteten Schulhäuslerpflichten erledigte. Gegen Ende dieser literarisch folgenreichen Inkubationsjahre lernte er den Dichter und Philosophen Minskij kennen, der ihn in die symbolistischen Zirkel einführte. Als er 1892 mit hochfliegenden Plänen nach St. Petersburg zurückkehrte, war das Terrain für ihn bestellt. Bis 1907 blieb er dem Schuldienst in den höheren Positionen eines Inspektors und Rats erhalten, aber gleichzeitig etablierte er sich im Literaturbetrieb – zumal in der Zeitschrift *Der Bote des Nordens*, die ihm das Pseudonym Sologub nahe legte – als gewichtige Stimme. Mit dem Roman *Der kleine Dämon* (1907) gelang ihm der Durchbruch. Das Buch wurde binnen zweier Jahre sechsmal aufgelegt und bald in mehrere Sprachen übersetzt. Zur Beförderung seines Ruhms setzte sich energisch seine Gattin Anastasija ein, eine hochgebildete, schwermütige Schriftstellerin, die Sologub 1908 heiratete. In der Nähe des Newskij-Prospekts gab nunmehr das Ehepaar glanzvolle Empfänge, die von erlauchten Gästen besucht wurden. Sologub trug solche Würde gelassen. Immerhin stimmte ihn der Ausbruch des Weltkriegs patriotisch, während er die bolschewistische Umwälzung scharf missbilligte. Vor allem erschütterte ihn 1921 der Suizid seiner Frau, die ihr Leben in der vereisten Newa beschloss und deren Leiche erst im Frühjahr geborgen werden konnte. Die neue Zeit war dem Décadent kaum gewogen, aber Sologub arrangierte sich mit ihr so weit, dass er im Leningrader Schriftstellerverband mitwirkte und sogar dessen Präsidium übernahm. Wie er einst vorausgesagt hatte, starb er 1927 in dem seiner Gesundheit stets abträglichen Monat Dezember und wurde neben seiner geliebten Anastasija begraben.

Sologub hat ein umfangreiches Werk geschaffen. Neben unzähligen Gedichten, Erzählungen, Märchen, Theaterstücken, Aufsätzen und Übersetzungen publizierte er fünf durchwegs beachtliche Romane, darunter den überragenden *Kleinen Dämon*. Dessen Anziehungskraft beruht auf dem dezidert ‹böse› gezeichneten Helden, dem Gymnasiallehrer Peredonow, der als Ausbund der Verworfenheit den Begriff «Peredonowschtschina» gestiftet hat. Freilich bleibt der Bösewicht nicht allein auf der weiten Flur menschlicher Niedertracht. Wo er hintritt, schießen Spießgesellen aus dem mit Dummheit, Klatsch und Denunziationen gedüngten kleinstädtischen Boden. Die russische Provinz scheint lauter Widerlinge auszubrüten, die darauf drängen, Thomas Hobbes' negative Utopie zu beglaubigen. Hier lebt Peredonow im Konkubinat mit seiner liederlichen Cousine Warwara, der er die Ehe versprochen hat. Das hindert ihn nicht, fernerhin auf Freiersfüßen zu wandeln und bonbonlutschend eine Heiratslustige nach der andern vor den Kopf zu stoßen. Die Damen fassen sich ob des geringen Verlustes rasch, und auch Warwara weiß sich zu helfen, indem sie die eitle Hoffnung ihres Bettgenossen auf ein Schulinspektorat nährt. Zu diesem Zweck fälscht sie Briefe einer ihr angeblich gewogenen Fürstin, die Peredonow protegieren soll, und dieser schlürft den Schwindel begierig. In der Zwischenzeit sucht er die Ortsnotabeln auf, um sich gegen üble Nachrede zu verwahren, und im selben Zug schwärzt er unschuldige Schüler bei deren Eltern an. Um einen üblen Streich ist er nie verlegen. Kaum wittert er eine Möglichkeit, schlägt er blitzschnell zu. Weder Skrupel noch äußere Hindernisse gebieten ihm Einhalt, doch da dräuen unversehens giftige Sträucher, herumliegendes Besteck bietet sich als Mordwaffe an und selbst die Spielkarten scheinen sich gegen ihn zu verschwören. Am Ende ergreift die Paranoia vollends von ihm Besitz, und er ersticht seinen letzten Kumpanen. Dieser Absturz wird von einem «gespenstischen Tierchen» begleitet, das immer häufiger auftaucht und sich hinterhältig zu schaffen macht. Man ist geneigt, den rätselhaften Kobold als Produkt von Peredonows Wahn zu begreifen, würde ihm der Autor nicht eine eigensinnige Vitalität verleihen. Das huschende, lachende, beißende, stinkende, funkensprühende Ding indiziert jedenfalls, dass das Geschehen um Peredonow nicht in den geläufigen Verständnismustern aufgeht.

Zum «kleinen Dämon» qualifiziert mancherlei: sowohl der Gymnasiallehrer wie das Teufelchen, das ihn reitet, aber auch die Stadt mit ihrem harmlosen Anschein. Sogar die ‹helle› Episode des Romans, die Verführung des Gymnasiasten Sascha durch die entzückend-törichte Jungfer Ludmilla, untersteht einer unheimlichen Fatalität. Anderseits sollte man den widerwärtigen Peredonow nicht voreilig aus der einfühlbaren Mitmenschlichkeit entlassen. Zwar beweist er auf der Oberfläche seines ruchlosen Tuns eine ungebrochene Zielstrebigkeit, doch wird er dabei von einer ratlosen Traurigkeit – dem unerforschlichen Gesetz, nach dem er angetreten – bedrückt. Das reicht wohl nicht zum tragischen Tiefgang; zu einer abgründigen Groteske allemal.

Fjodor Sologubs Roman Der kleine Dämon *ist im Insel Verlag, Frankfurt am Main 1989, erschienen.*

Schmetterling und Löwin

Alfonsina Storni (1892–1938) auf der Briefmarke.

An postumen Huldigungen blieb ihr nichts erspart. Werkausgaben, wissenschaftliche Untersuchungen, eine Biographie liegen vor. Ein monumentales Denkmal erinnert an die Stätte ihres Todes. Das Kino hat sich ihrer angenommen. Straßen wurden nach ihr benannt, und selbst jene kuriose Gunst – fast noch seltener als der Nobel-Preis – wurde ihr 1957 erwiesen: auf einer Briefmarke figurieren zu dürfen. Allerdings beschränkt sich die ehrende Beflissenheit auf Lateinamerika. In der Schweiz, ihrer ursprünglichen Heimat, wäre sie nach einer früheren Initiative des Arche Verlags erneut der Vergessenheit anheim gefallen, hätte ihr nicht unlängst Werner Bucher in seinem orte-Verlag einen schönen spanisch-deutschen Auswahlband gewidmet.

Die ersten vier Jahre, die Alfonsina Storni in ihrem Tessiner Geburtsort Sala-Capriasca verbrachte, haben sie gewissermaßen zur ‹Fremden› prädestiniert. In Argentinien, wo ihre ausgewanderten Schweizer Eltern eine Soda- und Eisfabrik betrieben, hat sie sich jedenfalls nie ganz heimisch gefühlt, und auch ihre Freunde empfanden ihr impulsives, mannigfach zerrissenes Wesen als Exotikum. Der wirtschaftliche Ruin des Vaters, eines depressiven Alkoholikers, zwang die 13-jährige Alfonsina, in einer Hutfabrik zu arbeiten. Etwas später ging sie mit einer Schauspielertruppe auf Tournee, und eine 1909 begonnene Ausbildung als Lehrerin fand beinahe ein vorzeitiges Ende, da ruchbar wurde, dass sie nebenher als Sängerin auftrat. Zwei Jahre später kehrte sie Rosario, der Stadt ihrer Jugendjahre, für immer den Rücken. Die frisch diplomierte Lehrerin war mit einem verheirateten Politiker eine Affäre eingegangen, aus der eine Schwangerschaft resultierte. Da sie sich nicht dem Gespött ihrer Umgebung ausliefern wollte, zog sie nach Buenos Aires, wo sie einen Sohn gebar und mit subalternen Beschäftigungen ihren Unterhalt bestritt. Die «stummen Häuserfronten» und «verriegelten Himmel» der Metropole waren nicht dazu angetan, Alfonsinas Depressionen zu beschwichtigen, scheinen aber ihre dichterische Tätigkeit, die sie in aller Öffentlichkeit, auf Bänken oder in Straßenbahnen, ausübte, eher befruchtet zu haben. 1916 publizierte sie auf eigene Kosten den lyrischen Erstling *Die Unruhe des Rosenstockes*: romantisch-gefühlsselige Verse, die jedoch ein ungezähmtes, eigensinniges Naturell verraten und sich etwa – wie im Gedicht «Widerspenstigkeit» – anheischig machen: «Eines Tages den Lauf / der Dinge aufhalten, / den Lauf der Welt.» Sieben weitere, zunehmend herbere und ausgereifte Gedichtbände folgten, die ihr die Anerkennung von Kritikern und Kollegen sowie zwei bedeutende Literaturpreise eintrugen. Auch ihre materielle Lage festigte sich allmählich. Eine Zeit lang betreute sie die Bibliothek eines Internats, wirkte dann an einer Schule für geistig behinderte Kinder und 1921 wurde eigens für sie eine Lehrstelle am Teatro Infantil Labardén eingerichtet. So versuchte sie sich denn auch in der dramatischen Gattung. 1927 wurde in Anwesenheit des Staatspräsidenten ihr Stück *Der Herr der Welt* aufgeführt und wegen seiner frauenrechtlerischen Intentionen harsch kritisiert. Mehr Glück hatte sie mit dem Kindertheater, das sie von einer milden, versöhnlichen Seite zeigt. Ihren dichterischen Höhepunkt erlebte sie 1938, als sie an einem Festival in Montevideo zusammen mit Gabriela Mistral und Juana de Ibarbourou als weibliches Dreigestirn der südamerikanischen Poesie gefeiert wurde. Doch was vermochten solche lichten Phasen gegen Melancholie, Einsamkeit, Gefühle des Ungenügens, das ihr vorenthaltene Liebesglück und das Wissen um ihre Krebserkrankung? Noch im selben Jahr, am 25. Oktober, suchte sie den Tod im Meer, das sie in mehreren Gedichten als Heimstatt herbeigesehnt hatte.

Alfonsina Stornis Gedichte entstammen offenkundig den vielen Nöten und seltenen Freuden der Autorin. Künstlerische Verstellung ist ihr fremd. Die Dringlichkeit des Artikulierten erlaubt keine gesuchten Wörter oder formalen Spielereien, wie sie die damals vorherrschende Schule des *Modernismo* propagierte. Was Alfonsina emotional bekümmert, gedanklich umtreibt, soll in ihren Texten ungeschmälert und möglichst suggestiv zum Ausdruck kommen. Man pflegt in solchen Fällen von Erlebnislyrik zu sprechen, doch ihre ungemein anrührende Spezies zeichnet aus, dass das Gedicht mitunter an Stelle dessen tritt, «was ich nicht erleben durfte». Eine so rückhaltlos preisgegebene Subjektivität rührt an Schamgrenzen und gesellschaftliche Tabus, und sie verschweigt nicht die Last von «zwanzig Jahrhunderten», die es zu beseitigen galt, um auch nur sexuelles Begehren offen zu äußern. Indem sie es tut, fühlt sie sich solidarisch mit Generationen von Frauen, zumal mit ihrer Mutter, in deren stummen Art sie «all das Beißende, Besiegte, Verstümmelte» wahrgenommen hat. Ihre intellektuell geschärfte Angriffslust bleibt keineswegs im geschlechtlichen Bereich stecken, sondern befehdet jegliche Verkümmerung von Vitalität: etwa den kleinlichen Biedersinn ihrer Mitbürger, vor allem aber das Ungetüm Großstadt, das keine natürlichen Regungen duldet und den Menschen seine rechtwinkligen Muster aufzwingt: «Und sogar ich vergoß gestern eine Träne, / du meine Güte – eine quadratische.» Als Gegenmacht beschwört sie die Elementarkraft des

Wassers, den mit der Liebe verschwisterten Frühling, die Blumen, Pflanzen, Bäume und Vögel ihrer Kindheit, Himmelserscheinungen und immer wieder das bald heftig bewegte, bald ruhige Meer. Die aufrührerische Gesinnung gleitet nie in leere Rhetorik ab, und es zeugt für Alfonsina Stornis Lauterkeit, dass ihre Lyrik fast gezeitenmäßig einem Wechselspiel von «grausamer Löwin» und «traurigem Schmetterling», von Aufbegehren und Resignation gehorcht. Überhaupt geht sie ebenso hart mit sich selber wie mit ihrer Umgebung ins Gericht, beklagt ihr ungeselliges Naturell, ihr rastloses Bemühen, ihr Defizit an äußerer Schönheit, ihre «flachen» Verse. Spätestens 1935, als die Krebserkrankung ausbricht, schwindet ihr Lebensmut. Die todwunde Innenwelt gleicht sich bisweilen der Destruktivität und Starre der Außenwelt an. Der Einklang mit allem Kreatürlichen ist zerbrochen. Sogar die Verheißungen des Frühlings durchschaut sie jetzt als Trug. Doch drei Tage vor dem Suizid bittet sie in einem ihrer bewegendsten Gedichte die «zärtliche Amme» – «Du mit den Blumenzähnen, mit dem Häubchen aus Tau / und den Händen aus Kräutern» –, ihr ein letztes Lager zu bereiten, das die Natur sanft umhegt. Menschliche Belange erreichen sie nicht mehr. Sie ist «salido» ... verreist.

Der hier benutzte Gedichtband von Alfonsina Storni ist 1995 unter dem Titel Verse an die Traurigkeit *im orte Verlag, Zelg, Zürich, erschienen.*

Das Wunder des Lazarus

Italo Svevo (1861–1928)

Nein, eine verkannte Größe wird man den Triestiner Erzähler Ettore Schmitz alias Italo Svevo schwerlich nennen. Wohl mögen die dialektalen Einschläge, die seine Prosa sprenkeln, italienische Sprachpuristen nach wie vor befremden, aber im weltliterarischen Kontext gilt er längst neben Joyce, Proust, Virginia Woolf, Kafka und Musil als Mitbegründer des modernen Romans. Dabei fehlte einst wenig, und seine auf eigene Kosten gedruckten Bücher wären verschollen.

Nun hat sich 1892 der literarische Debütant, seines Zeichens Angestellter der Wiener Union-Bank, nicht eben glücklich bei den Triestiner Zeitgenossen eingeführt. Schon das Titelblatt des Erstlings *Una vita* verhieß nichts Gutes. Das Pseudonym Italo Svevo, das die zwitterhafte leibliche und geistige Herkunft des Verfassers kundtat, war kaum geeignet, die von nationalistischen Sehnsüchten berauschten Mitbürger für ihn einzunehmen. Und wer brachte in der tüchtigen Handelsstadt die nötige Muße auf, um den Pechsträhnen eines untüchtigen Protagonisten nachzufühlen? Auf andere Weise fatal erging es 1898 dem zweiten Roman *Senilità*. Bekundete man etliche Mühe, dessen 35-jährigem Helden die annoncierte Vergreisung anzumerken, hielt man das praktizierte Verjüngungsmittel, die Liebschaft zu einem entzückend-unzüchtigen Mädchen, für skandalös. Svevo war einst selber ein ähnliches Verhältnis eingegangen, und man entrüstete sich über die ausgeplauderte Peinlichkeit umso mehr, als er unlängst die Tochter eines angesehenen Unternehmers geheiratet hatte. In der Folge trat er der Leitung der schwiegerelterlichen Firma, einer Lackfabrik, bei, und 1902 versicherte er seinem Tagebuch: «Ich habe nun endgültig diese lächerliche und schädliche Sache, die sich Literatur nennt, aus meinem Leben ausgemerzt.»

Die Behauptung erwies sich freilich als eines jener Gelöbnisse, die Svevo ebenso oft abzulegen wie zu brechen liebte. So wenig es ihm gelang, sein Kettenrauchertum mit einer «letzten Zigarette» zu beenden, konnte er ganz ohne Rückfälle die literarische Tätigkeit durch die Beschäftigung mit Schiffslacken und einem dilettierenden Geigenspiel kompensieren. Immerhin verzichtete er während 25 Jahren auf Buchpublikationen, und wenn er gelegentlich auf seine Romane angesprochen wurde, wälzte er diese Sündenlast auf den verstorbenen Bruder ab. Doch 1907 trat der 25-jährige Deus ex machina James Joyce auf den Plan – damals ein namenloser Literat, der in Triest als Privatlehrer seine Familie knapp über die Runden brachte – und vollzog am totgeschwiegenen Romancier das «Wunder des Lazarus». Allerdings bedurfte es mehrerer Erweckungsschübe. Im Verlauf des Englischunterrichts, den Joyce dem beträchtlich älteren Svevo erteilte, freundeten sich die beiden an. Nach einer Soiree im Hause Svevo, da Joyce seine ungedruckte Novelle *The Dead* vorgelesen hatte, kramte Svevo seine beiden Romane hervor und gab sie dem Gast mit auf den Heimweg. Bei ihrer nächsten Begegnung äußerte sich Joyce enthusiastisch und rezitierte auswendig einige Passagen aus *Senilità*. Obwohl sich Joyce sogleich bemühte, den Triestiner Bekanntenkreis für seine ‹Entdeckung› zu mobilisieren, blieb er mit der Begeisterung allein. Dafür fasste Svevo Mut, es ein weiteres Mal mit einem Roman zu versuchen. 1923 erschien das wunderbare Ergebnis, *La coscienza di Zeno*, und stieß bei den Kritikern auf

Unverständnis oder «eisiges Schweigen». Wiederum tröstete der mittlerweile in Paris residierende und als Verfasser des *Ulysses* gefeierte Joyce: «Warum regen Sie sich auf? Sie müssen wissen, daß das mit Abstand Ihr bestes Buch ist.» Er riet Svevo, den Roman an ein paar einflussreiche Persönlichkeiten zu schicken, und im Februar 1926 war es so weit, dass die Zeitschrift *Le navire d'argent* Svevo einem geneigten Pariser Publikum präsentierte. Die italienische Kritik verbat sich zunächst gereizt die ausländische Bevormundung, aber allmählich bröckelte der Widerstand. Heute beruft man sich in Italien gern darauf, dass Eugenio Montale kurz vor der französischen Initiative Svevo zwei huldigende Aufsätze gewidmet hat.

Vom Frühjahr bis Herbst 1925 schrieb Svevo – als ob er dem bevorstehenden Glück nicht getraut hätte – die hinreißende Novelle *Una burla riuscita* (*Ein gelungener Scherz*), die seinem publizistischen Ungemach ironische Glanz- und Irrlichter aufsetzt. Als Held figuriert der 60-jährige Angestellte Mario Samigli, eine Alter-Ego-Figur, die aber in mancher Hinsicht vom Autor abweicht. Mit Svevo verbindet ihn sein Alter, die berufliche Tätigkeit, der Name Samigli, den Svevo pseudonym für Zeitungsartikel benutzte, und vor allem der Umstand, dass er in jungen Jahren einen unbeachtet gebliebenen Roman verfasste, an den er große Hoffnungen knüpft. Indessen weiß sich der schüchterne Sensibilissimus mit seiner Lage zu arrangieren. Im Büro ist seine gewundene Diktion gefragt, wenn es darum geht, für den Chef heikle Briefe zu formulieren. Und zu Hause empfängt ihn sein gichtkranker Bruder Giulio, der aus Zartgefühl und Berechnung alles daran setzt, ihn in der ruhmgeblähten Einbildung zu bestätigen. Vor dem Einschlafen pflegt ihm Mario aus seinem Roman vorzulesen, was Giulio jeweils zum unfehlbaren «Schlummerlied» gereicht. Dennoch hat der Dichterling eine Möglichkeit gefunden, seinem literarischen Ehrgeiz authentisch zu genügen, indem er – wie eine Zeit lang Svevo – zu dem, was ihn täglich bedrängt, Tierfabeln ersinnt. Dabei schätzt er diese reizvollen Geschichten über Sperlinge gering ein, obwohl er für solches Fabulieren eine Bezeichnung findet, die der Ungezwungenheit höchster Kunst zusteht: «eine Form von Lächeln und Atmen».

Ausgerechnet an jenem Novembertag 1918, da der italienische Staat das kakanische Triest «erlöst», werden Marios Größenphantasien aufgewühlt. Er trifft auf der Straße den ihm übel gesinnten Kollegen Gaia, der ihm vorgaukelt, ein österreichischer Verlag wolle seinen Roman kaufen und neu lancieren. Natürlich fällt der bei seinen innigsten Sehnsüchten gepackte Mario auf die Lüge herein, zumal Gaia alsbald mit einem angeblichen Verlagsmann aufkreuzt. Während die beiden Witzbolde mühsam ihre Lachmuskeln bezwingen, wird man zu einem absurd hohen Betrag handelseinig. Marios Gutgläubigkeit hält lange vor, muss sich aber dann den schlimmen Tatsachen fügen.

Indessen lässt die auktoriale und kaufmännisch versierte Fortuna ihren Jünger nicht im Stich. Zum einen hat Mario in Erwartung seines Honorars eine finanzielle Transaktion abgeschlossen, die ihm infolge der politischen Ereignisse einen satten Kursgewinn einträgt. Zum andern setzt die erlittene Demütigung brachiale Kräfte in ihm frei, die ihm erlauben, Gaia eine gehörige Tracht Prügel zu verpassen. Diese Züchtigung wird so unbändig-liebevoll geschildert, dass der Verdacht nahe liegt, Svevo habe die Ohrfeigen und Fußtritte insgeheim der italienischen Literaturkritik zugedacht.

Italo Svevos Novelle Ein gelungener Scherz *ist im ersten Band* Erzählungen *der Svevo-Werkausgabe, Rowohlt Verlag, Reinbek bei Hamburg 1983, erschienen.*

Trost in der Schwebe

Ruth Tassoni (1908–1994), photographiert von ihrem Verleger Bernhard Moosbrugger

Ruth Tassonis Erscheinung, dem bisher kaum wahrgenommenen Dasein ihres schmalen Werks haftet etwas Geisterhaftes an. Das rührt noch am wenigsten daher, dass der kleine, nur mit geringen Werbemitteln ausgestattete Schweizer Verlag, der ihre drei Bücher betreut, sie nicht ‹durchzusetzen› vermochte. Es liegt auch nicht am schönen Beiseit der città alta von Bergamo, in der sie ihre letzten 44 Jahre verbrachte.

Mit dem aktuellen Literaturbetrieb hatte sie jedenfalls nichts zu schaffen. Sie ist eine Revenante im wörtlichsten Sinn: 79-jährig kehrte sie zu ihrer deutschen Muttersprache zurück und hielt in ihr jene gespenstischen Zeiten und Zustände fest, die sie einst aus der Heimat vertrieben hatten. Deutschen Boden betrat sie nie mehr.

Als Tochter eines preußischen Steuerbeamten und einer aus begüterter Familie stammenden Jüdin ist Ruth Domino 1908 in Berlin geboren. Im Kreis der Eltern und einer Schwester hat sie vermutlich eine glückliche Kindheit erlebt. Dennoch zählte sie im Nachhinein die Mutter zu jenen Figuren, die sie «kaum gekannt» hatte, und auch das Bild des Vaters konnte sie sich nur aus Fragmenten vergegenwärtigen. Es scheint, das spätere Grauen habe diese helle Periode nicht nur überlagert, sondern ihr recht eigentlich entwendet. In Hamburg besuchte sie die Lichtwark-Schule, und um 1930 studierte sie in Wien Germanistik und Geschichte. Eine ungemein anregende, aufregende Zeit! Hier verkehrte sie mit den Schriftstellern Ernst Waldinger und Elias Canetti und lernte ihren ersten Mann, den jüdischen Arzt und Linksintellektuellen Fritz Jensen kennen. Mit ihm zog sie 1937 in den spanischen Bürgerkrieg, um sich in den Lazaretten der internationalen Brigaden der Verwundeten anzunehmen. Der im März 1938 erfolgte ‹Anschluss› Österreichs an Nazi-Deutschland stieß sie ins Flüchtlingselend. Zwei Jahre lang irrte sie durch Frankreich, und inmitten dieser lebensgefährlichen Turbulenz und Rastlosigkeit entstanden erste literarische Texte, die in *Das Wort* und anderen Exilzeitschriften erschienen. Von Marseille aus gelang ihr 1940 die Flucht nach Amerika, wo sie als Lehrerin am Bryn Mawr College in Pennsylvania und nach dem Krieg an einer Quäker-Schule ein notdürftiges Auskommen fand. Der Übertritt in das fremde Sprachmilieu erneuerte ihre literarische Unternehmungslust. So schrieb sie auf Englisch einige Erzählungen, die sogar – der Traum eines jeden amerikanischen Short story writers – vom Magazin *The New Yorker* abgedruckt wurden. Ihr Leben blieb vorerst unstet und führte sie mit ihrem zweiten Mann, dem italienischen Philosophieprofessor Mario Tassoni, nach Lausanne, Brüssel und London, wo sie Canetti wiedertraf. 1950 ließ sie sich endgültig in Bergamo nieder. Die italienische Sprachumgebung befruchtete wiederum Ruth Tassonis literarische Tätigkeit, denn 1957 veröffentlichte sie den kleinen Lyrikband *Sole di Solitudine*. Ihr reich verschlungener, abenteuerlicher Lebensweg spiegelt sich somit literarisch in einer Odyssee durch zwei Sprachen hindurch, bis Ruth Tassoni ab 1989 nacheinander auf Deutsch die Erzählbände *Erinnerungskapsel*, *Lichtpunkte* und zuletzt 1994, zwei Wochen vor ihrem Tod, *Der unerforschte Garten* vorlegte.

In Ruth Tassonis Prosaminiaturen hat ein zerstückeltes Leben seinen angemessenen Ausdruck gefunden. Wie leicht sagt sich das, und wie wenig verrät der Befund solcher Kongruenz von der Mühe, die diese eigentümliche Akupunktur des Eingedenkens der Autorin bereitet haben mag. *Autobiographische Splitter* lautet nicht umsonst der Untertitel ihres schönsten Buches *Lichtpunkte*. Da wird keine behagliche Rückschau gehalten, kein müßiges Erinnerungsmosaik zusammengestellt, sondern aus dem Fleisch einer zurückliegenden, aber weiterschwärenden Vergangenheit werden Widerhaken freigesetzt. Der langwierige Schmerz ihres Austragens wie der kurze ihrer Extraktion ist in diese Texte eingegangen, auch wenn sich die Wunden im Heilungsprozess eines präzisen, ungemein bewegenden Erzählens geschlossen zu haben scheinen.

Dabei kommt die Erzählerin ohne Hass oder Verbitterung aus. Wie ihr das fremde Leid nicht weniger nahe geht als das selbst erlittene, fangen ihre *Lichtpunkte* auch beglückende Momente ein. Die Erfahrung der vielen Durchgangsstationen und Niederlassungsprovisorien haben ihren Blick für kleine, elementare Dinge geschärft: die flüchtige Geborgenheit eines Zimmers; die abgenützte Schaffelljacke eines Brigadisten, «rauh und doch weich», die sie «in den Schlaf begleitet»; einen in Zeitungspapier eingewickelten warmen Ziegelstein; eine zutrauliche Gebärde. Nach dem Purgatorium von Ellis Island, wo sie mit ihresgleichen der Gnade der amerikanischen Einwanderungsbehörde harrte, empfindet sie sogar die Küchenschaben ihrer Greenwich-Village-Unterkunft als «freundliches Geraschel». Und mit Dankbarkeit erinnert sie sich an die abendliche Dämmerung im Park eines vornehmen Londoner Stadtviertels, die sie für einen Augenblick von der finsteren Wirklichkeit absehen ließ und ihr etwas «wie Trost in der Schwebe» gewährte. Bisweilen ranken sich um einzelne Gegenstände, etwa einen Schirm oder einen Schlüssel, Episoden aus der Vergangenheit, doch in den beklemmendsten Texten bricht deren fortdauernde Virulenz plötzlich in die spätere Wahrnehmungswelt ein. Dann wird die touristische Besichtigung der Treppe von Odessa nicht nur von der Reminiszenz an den *Panzerkreuzer Potemkin*, sondern auch von jener an einen Polizisten heimgesucht, der auf einer Treppe in Marseille über das Schicksal eines Flüchtlings entscheiden konnte. Oder hinter den Hügeln der Toscana zeichnet sich bedrohlich die Silhouette der Pyrenäen ab.

So fühlbar die Not und Notwendigkeit, welche die unabgegoltenen Relikte aus der Vergangenheit zutage befördern, so behutsam werden sie von Ruth Tassoni in Worte gefasst. Was sie umtreibt, verträgt keinen sprachlichen Prunk, und ähnlich inständig, wie sie Dinge benennt, schweigt sie über andere, die ihrem Taktgefühl widerstreben. Im mündlichen Gespräch erwähnte diese ungewöhnlich offene, warmherzige Frau ohnehin kaum ihre Flüchtlingsjahre. Nicht nur aus Gründen der Lakonie, einer bündigen Diktion ist der Gedankenstrich das bevorzugte Interpunktionszeichen der Autorin. In *November, Allerseelentag* berichtet die Erzählerin vom verlegenen Schweigen, das sich zwischen ihr, der vertriebenen Heimatlosen, und ihrer Schwiegermutter, der heimatlich Verwurzelten, eingenistet hatte und nur durch einen Kuss einigermaßen überwunden werden konnte: «Wir haben uns noch oft über die Kluft hinweg geküsst und eine Art von luftiger Brücke gebaut, die zwischen uns hängen blieb bis zu ihrem Tod.»

Solch «luftige Brücken» spannen sich auch von Ruth Tassonis Texten zu ihren Lesern. Deren Begehen kann uns freilich niemand abnehmen.

Ruth Tassonis Lichtpunkte/Autobiographische Splitter *sind wie ihre übrigen deutschen Bücher im Pendo Verlag, Zürich 1990, erschienen.*

Siena ohne Sonne

Federigo Tozzi (1883–1920)

In Italien gilt Federigo Tozzi als Klassiker. Jedenfalls liegt sein Prosawerk in der solchen Status besiegelnden *Meridiani*-Reihe von Mondadori vor – auf 1450 Dünndruck-Seiten mustergültig ediert. Seit seinem Tod 1920 war er jedes Jahr Gegenstand kritischer Würdigungen. So unterschiedliche Geister wie Moravia, Calvino, Eco und vor allem Carlo Cassola haben seinen Rang bestätigt. Dennoch gehört er nicht zum kanonischen Bestand dessen, was Liebhaber der italienischen Literatur unbedingt gelesen haben müssen. Man pflegt ihn zwischen dem Vorbild Giovanni Verga und dem Freund Pirandello, zwischen Tradition und Moderne anzusiedeln, ohne dass es gelingt, der störrischen Erscheinung definitorisch gerecht zu werden. Wie sollte man auch zu Rande kommen mit ihm, dem zeitlebens Umgetriebenen, dem es selber nie gelang, aus seinen Ambivalenzen herauszufinden. Dafür blieb er mit dem, was er binnen weniger Jahre schrieb, verstörend lebendig.

Federigo Tozzi wurde 1883 als Sohn eines Gastwirts und Gutsbesitzers in Siena geboren. Wie seine früh verstorbene, von Schwangerschaften und Krämpfen aufgeriebene Mutter litt der Knabe unter der Herrschsucht seines Vaters. Eine kränkliche Disposition gereichte ihm zu weiterem Leid. Am ehesten gewährten ihm die Ferien auf dem Bauernhof in Castagneta einige Freuden. Seine schulische Ausbildung erbrachte nicht viel mehr als ein Kontinuum von Abbrüchen und disziplinarischen Verweisen. In der Heimatstadt besuchte er eine Kunstakademie, darauf ein Technikum und setzte dann sein Schlingern an technischen Instituten in Arezzo und Florenz fort. Unermüdlich war er aber autodidaktisch bestrebt, indem er sich wahllos an belletristischen und theoretischen Büchern erhitzte. 1901 frequentierte er einen sozialistischen Freundeskreis, drei Jahre später, nachdem er von einer langwierigen Geschlechtskrankheit genesen war, hielt er's mit der Religion. Und immer wieder kehrte er entmutigt, krank und vereinsamt nach Siena zurück, wo ihm sein Vater ein schmales Gnadenbrot gönnte. Mit dessen Tod 1908 nahm Tozzis Leben eine Wendung. Innerhalb weniger Wochen heiratete er seine langjährige Freundin Emma, verkaufte die väterliche Trattoria und zog mit seiner Frau nach Castagneta, wo er sich nun energisch dem Schreiben widmete. Es entstanden Erzählungen und Gedichte, die er in Zeitschriften unterbrachte, sowie eine Quantité négligeable von Theaterstücken. Die 1913 mit einem Freund lancierte Zeitschrift *La Torre*, die als «Organ der spirituellen Reaktion» gegen den Modernismus wetterte, ging nach ein paar Monaten geziemenderweise ein. Wer würde ihm den erzkatholischen Ausrutscher verargen, da er um diese Zeit sein erstes Meisterwerk, den Roman *Con gli occhi chiusi (Mit geschlossenen Augen)* verfasste, der fünf Jahre später im angesehenen Mailänder Verlag Treves erschien? 1914 verpachtete Tozzi seinen Hof und zog mit der Familie, zu der mittlerweile ein Sohn gehörte, nach Rom, wo er Anschluss an die literarischen Zirkel fand. Während des Krieges diente er als Korporal beim Roten Kreuz, in dessen Auftrag er Süditalien bereiste. Durch Vermittlung Pirandellos wurde ihm 1918 die redaktionelle Mitarbeit an der Literaturbeilage des *Messagero della Domenica* angeboten, und in vielen anderen Periodika waren Tozzis literarische Beiträge höchst erwünscht. 1920 waren gleich zwei Romane, *Tre croci (Drei Kreuze)* und *Il podere (Das*

Gehöft), zur Publikation vorgesehen, aus deren Erlös er sich ein Motorrad kaufen wollte. Doch im Frühjahr erwischte ihn, der bei offenem Fenster schlief, eine Lungenentzündung, der er kurz darauf erlag.

Fünf Romane hat Federigo Tozzi geschrieben, und sie gehen alle schlimm aus. Seine zerklüfteten Figuren hadern mit sich, Gott und der Welt. Die Väter haben ihnen Böses eingebrockt, die geliebten Frauen führen solches im Schild. Man begehrt und tut das Falsche oder das Richtige zur Unzeit. Die Mitmenschen benehmen sich mindestens lieblos. Zu schlechter Letzt büßt die Toscana ihre landschaftlichen Reize ein, und Siena umgibt seine Bewohner als düster-verwinkeltes Gefängnis. Nicht nur das Ambiente, auch manche Begebenheiten hat Tozzi aus der eigenen Erfahrung geschöpft, ein Umstand, der zweifellos zur packenden Wirkung seiner Texte beiträgt. Aber deren Spannung beruht weniger auf dem Vollzug einer ausweglosen Fatalität, als auf den punktuellen Eindrücken, Empfindungen, Erschütterungen, die manchmal von Satz zu Satz überraschend eintreffen.

Tre croci wurde in nur zwei Wochen, vom 25. Oktober bis 9. November 1918, entworfen und ist der geradlinigste unter Tozzis Romanen. Er handelt von drei Brüdern in Siena, die eine von ihrem Vater geerbte Buchhandlung aus Trägheit und kostspieliger Gefräßigkeit allmählich in den Bankrott führen. Ein gutmütiger Kunde hilft ihnen mit einem Darlehen zunächst aus der Patsche. Da sie ihre Schulden nicht zurückzahlen können, fälschen sie sukzessive Wechsel um Wechsel, bis am Ende der Schwindel auffliegt. Schon auf den ersten Seiten des Buches ahnt man das hereinbrechende Unheil, und man staunt ebenso über die kolossale Verdrängungsleistung der Brüder wie über Tozzis erzählerische Kunstfertigkeit, die das Unausweichliche mit eindringlichen Charakter- und Verhaltensstudien aufschiebt. Daraus ergibt sich eine tragikomische Choreographie von zentrifugalen und zentripetalen Bewegungen um einen Abgrund, der scheinbar in der Außenwelt gähnt, den aber diese armseligen Tänzer in sich selber bergen. Die Brüder leben zusammen, tafeln zusammen, betuscheln gemeinsam ihr Los und wünschen einander zum Kuckuck. Schon ein Gang zu zweit auf dem Heimweg ist ihnen lästig. Ihre Grämlichkeit fährt ihnen als Gicht in die Glieder, und nichts ist ihnen unbegreiflicher, als dass «man sein Geld hinauswerfen kann, um bedrucktes Papier zu kaufen». Giulio, der jüngste, intelligenteste von ihnen, ist vor Trübsal vorzeitig vergreist. Um Contenance bemüht, fühlt er sich gerade dann als Ehrenmann, wenn er wieder einmal eine Unterschrift tadellos gefälscht hat. Der verheiratete Niccolò kultiviert den Ruf eines Bonvivant. Jederzeit fällt er ins Poltern, Schnauben und Schnarchen, kaut im übrigen an Zigarren herum und entwaffnet seine Umgebung mit einem Gelächter, das «man den ganzen Tag nicht mehr vergaß». Enrico ist ein nörgelnder Grobian, fortwährend auf dem Sprung zu einer Unverschämtheit, mit der besonderen Neigung, jeden Ehemann für gehörnt zu deklarieren. Ein nicht eben erfreuliches Dreiergespann, gewiss, aber angesichts der properen Ehrbarkeit der Sieneser Mitbürger sieht man ihm die allzu menschlichen Finten und Kapriolen gerne nach. Zuletzt ist jedem ein seinem Charakter entsprechender Tod beschieden, und die ihnen von ihren Nichten gespendeten «drei gleichen Kreuze» suspendieren alle weiteren Erwägungen um Schuld und Sühne.

Federigo Tozzis Roman Drei Kreuze *ist 1986 im Piper Verlag, München, erschienen.*

Die unerquicklichen Realien

Hermann Ungar (1893–1929), gezeichnet von B. F. Dolbin.

Dass Autoren im selben Maß begeistern und entrüsten, ist keine Seltenheit. Indessen birgt der Fall Hermann Ungars einige Überraschungen. Zwar hat dieser mit dem Skandalon seiner Texte gerechnet, und die Leser haben nach dem üblichen Muster reagiert. Aber warum ist der großbürgerlich temperierte Thomas Mann mit Wärme für Ungar eingetreten, während der entdeckungsfreudige Max Brod seinem Kollegen hämisch «die Marke der Nullität, des Plumpen und Konventionellen» aufprägte? Warum hat Stefan Zweig die nämlichen Eigenschaften an Ungars Erstling gepriesen und an dessen Zweitling geschmäht? Oder wie erklärt sich jener beachtliche Erfolg, der Ungar schon zu Lebzeiten und bis heute in Frankreich zuteil wurde, wo man sich höchst selektiv mit deutscher Literatur zu befassen pflegt? Auch der Geist der Leser weht eben, wo er will.

Die frühen seelischen und materiellen Leiden, die Hermann Ungar den Helden seiner Geschichten zumutet, blieben ihm selber erspart. Als Sohn einer wohlhabenden deutschjüdischen Familie wurde er 1893 in der mährischen Kleinstadt Boskowitz geboren. Der aufgeweckte, heitere Junge genoss den Unterricht eines Privatlehrers und durchlief mit Bravour das Gymnasium in Brünn. Eine ungestüm betriebene Lektüre stiftete den Schüler zu eigenen dramatischen Schöpfungen an, die offenbar «mit sehr viel leidenschaftlicher Liebe und vielen grauenhaft ermordeten Leichen» operierten. 1911 zog er nach Berlin, um hebräische und arabische Sprachen zu studieren, ein Jahr später nach München, wo er ein Rechtsstudium aufnahm, das er in Prag fortsetzte. Daneben engagierte er sich in national-jüdischen Studentenverbindungen. Auch die literarischen Ambitionen schwelten weiter, sogar während des Krieges, den er an der russischen Front zu bestehen hatte. Angesichts des täglich drohenden Todes soll er gebetet haben, «daß mich Gott nur leben lassen solle, wenn ich zum Dichter ausersehen sei». Wo sonst, wenn nicht im Krieg, hat sich sein Menschenbild irreversibel verdüstert. 1916 wurde er infolge einer Verwundung für diensttauglich erklärt. Er beendete sein Jura-Studium und machte nun mit der Literatur Ernst, angefochten von Skrupeln, er könne seinen hohen Ansprüchen nicht genügen. So behielt er seine berufliche Karriere im Auge, die er zielstrebig als Handelsbeamter und ab 1922, frisch verheiratet, als Konsularattaché in Berlin verfolgte. Nicht minder stetig erschienen seine vier Bücher: 1920 die Erzählungen *Knaben und Mörder*, 1923 der Roman *Die Verstümmelten*, 1925 der authentische Bericht *Die Ermordung des Hauptmanns Hanika*, 1927 der Roman *Die Klasse*. Sie zeigen allesamt ein von Einsamkeit, Ängsten, Trieben und sozialem Elend aufgeriebenes Personal, das, je mehr es an seiner condition humaine rüttelt, sich nur desto entschiedener in Boshaftigkeit verstrickt und zugrunde richtet. Mit solch unerquicklichen Realien reichte es nicht zur Popularität, aber Ungars Büchern, wie auch seinen zwei Theaterstücken, wurde durchaus Respekt gezollt. Da ereilte den 36-jährigen ein aberwitziges Ende. Der hypochondrisch veranlagte Ungar konsultierte so häufig seine Ärzte, dass diese eine akute Entzündung des Blinddarms falsch einschätzten und die späte Operation fehlschlug.

Das *Knaben und Mörder* betitelte, zwei Erzählungen umfassende Erstlingswerk ist ein Fanal – und etliches mehr. Hier wird auf Anhieb ein Terrain betreten, eine Seelenlage getroffen, ein Ton angeschlagen, wie sie nur diesem Autor zustehen. Beide Texte sind in der ersten Person geschrieben und verstehen sich als eine Art Beichte. Man zögert, die monologische Form näher zu bezeichnen, da kein Adressat auszumachen ist und die Rede gleichsam ins Leere gesprochen scheint. Das erzählende Ich leistet vor niemandem Abbitte. Weder klagt es an noch erheischt es Mitleid, und ist doch peinlich bemüht, die Ereignisse wahrheitsgetreu wiederzugeben. So hart wird das gewissenhafte Subjekt von seiner Geschichte bedrängt, dass es keinen Raum, keinen Atem mehr für Rechtfertigungen oder Wehleidigkeit erübrigt. Das verleiht Ungars Prosa ihre einzigartige Kraft.

In *Ein Mann und die Magd* erinnert sich ein begüterter Mann in Amerika an die öden Jahre, die er als Kind in einem «Siechenhaus» verbracht hat. Die schäbige, lieb- und freudlose Umgebung hatte den Jungen abgestumpft, bis ihn die erwachten Triebe obsessiv an die unansehnliche Magd Stasinka fesselten. Von ihr zurückgewiesen, sinnt er nun ausschließlich darauf, sie in seine Gewalt zu bringen. Er wandert nach Amerika aus und gelangt zu Reichtum, der es ihm erlaubt, Stasinka in seine Machtsphäre herüberzuholen. Indessen hat er nichts anderes mit ihr vor, als sie der Prostitution zuzuführen, und als ihm einige Jahre später ein Kind von ihr präsentiert wird, ist er gewillt, diesem die selber erlittene Trübsal in jenem Siechenhaus angedeihen zu lassen. Doch was als endgültige Demütigung der Mutter gedacht war, misslingt. Das Kind empfindet sein Los als Gnade und dankt gerührt seinem «Wohltäter».

Kann in diesem Text der etwas schematisch ausgeführte zweite Teil gegenüber den beklemmenden Genrebildern des ersten nicht ganz bestehen, ist Ungar mit der *Geschichte eines*

Mordes in jeder Hinsicht ein Meisterwerk gelungen. Im Gefängnis erzählt ein Häftling die Voraussetzungen seiner Tat, die für ihn zum Inbegriff seiner Jugend geworden ist. Die scheinbar nur der Ausdrucksnot gehorchende Art, wie er die Begebenheiten ausbreitet, erweist sich als erzählerischer tour de force, die nicht nur die Anatomie eines Verbrechens bloßlegt, sondern auch durch raffinierte Andeutungen und Vorgriffe eine fast unerträgliche Spannung erzeugt. Die fatale Beschleunigung der Handlung auf den letzten Seiten ist das Ergebnis einer zuvor ausgiebig geschilderten Konstellation. Ein Militärarzt ist unter unehrenhaften Umständen aus der Armee geschieden und fristet in seinem Heimatdorf ein jämmerliches Dasein. Sein Sohn, der Delinquent, möchte als Soldat die Schmach seines Vaters tilgen, ist aber dieser Aufgabe physisch nicht gewachsen und muss eine Lehre bei einem buckligen Friseur absolvieren. Dieser wiederum treibt mit dem Arzt ein grausam-spöttisches Spiel und vergewaltigt zudem seine eigene Nichte. Da erscheint ein Fremder, der als Katalysator diesen unentwirrbaren Knäuel aus Hass und Selbsthass sprengt. Nichts ist erschütternder als die bis zuletzt aufrechterhaltene Ungewissheit, wer der Verzweiflungstat des Jünglings zum Opfer fällt. In Thomas Manns abgehobener Diktion wäre es Hermann Ungars vornehmliche Kunst, «das seelisch Extreme, Exzentrische, ja Groteske als das eigentlich Menschliche empfinden zu lassen».

Hermann Ungars Erstling Knaben und Mörder *ist in dem 1989 bei Zsolnay, Wien, Darmstadt, erschienenen Gesamtwerk enthalten.*

Poet und Bauer dazu

Christian Wagner (1835–1918)

Mehr als «sechs bis acht vollendete Gedichte» hat Gottfried Benn selbst den bedeutendsten Lyrikern seiner Zeit nicht zugetraut. Solch edler Ertrag war dem schwäbischen Dichter Christian Wagner – darüber sind sich seine Bewunderer einig – vergönnt, und man findet ihn leicht in einem 1913 von Hermann Hesse edierten Sammelband. Zähe Wagnerianer mögen um ein Dutzend weiterer Texte feilschen, aber die kanonische Handvoll ist unbestritten, darunter etwa das Flieder-Gedicht *Syringen*, dessen dritte und letzte Strophe Karl Kraus zu den Wundern deutscher Sprache zählte. «In sich ruhend, aus sich leuchtend, voll langer Faszination» (Benn) – das gilt auch für diese Gebilde, und dennoch zögert man, sie aus ihrer angestammten Umgebung herauszupflücken. Die Achtung und Schonung, die Wagner für alles Naturwesen forderte, möchte man auch auf die schönsten Blüten seiner Poesie übertragen. Anderseits drohen sie im Gestrüpp seines Dichtens und Trachtens unterzugehen, was dazu geführt hat, dass Christian Wagner bis heute zu einem liebenswürdigen Hutzelmännchen verniedlicht wird.

In dem nahe bei Stuttgart gelegenen Dörfchen Warmbronn kam er 1835 als einziges Kind eines Schreiners und Bauern zur Welt. Nach dem Sinn der Eltern hätte aus ihm ein Lehrer werden sollen, aber das Geld reichte bloß zu einem sechswöchigen Besuch der Präparandenanstalt in Esslingen. So half der Junge eben in der Landwirtschaft und vergnügte sich – was er später heftig missbilligte – mit Schmetterlingsjagden und einem Herbarium. Die Flora tat es ihm an, und manchmal beschlich ihn der Gedanke, «ihr Sänger zu werden, aber meine Ohnmacht war dazumalen noch allzu groß». Den dichterischen Ernstfall probte er dann allerdings mit einer Ritter-Erzählung und einem Schauspiel in der Weise Schillers. 1865 erschütterte eine Warmbronnerin sein Junggesellentum, doch der lange herbeigesehnte Ehestand brachte ihm kein Glück. Binnen fünf Jahren raffte der Tod seine Eltern, sämtliche Kinder und im letzten Kindsbett seine Gattin dahin. Eine zweite Ehe mit der Cousine Nane zeitigte wohl gesunde Nachkommen, aber auch sie endete tragisch. Nach einer langwierigen Rückenmarkserkrankung fiel Nane 1892 in geistige Umnachtung und starb kurz darauf an Auszehrung. Der Verlust der Familienangehörigen prägte zutiefst jene Naturlyrik und kontemplative Prosa, die der 50-jährige in seinem ersten Buch *Märchenerzähler, Bramine und Seher* 1885 publizierte. Zwei Fortsetzungen unter dem Titel *Sonntagsgänge* (1887/1890) sowie eine Reihe weiterer Sammelbände befestigten Wagners Ruf eines ‹Bauerndichters›, und von überall her trafen Besucher ein, um den inspiriert schwäbelnden Dörfler zu bestaunen. Natur- und Tierschützer jeglicher Provenienz ernannten ihn zum Ehrenmitglied ihrer Vereinigungen. Dabei wahrte er seine Eigenständigkeit. Wohl verneigte er sich vor jedem Blümchen, aber seine Einbildungskraft wandte sich eher dem römischen Kaiser Hadrian zu als seinen Nachbarn. Diesen war der Genosse ohnehin suspekt, der auf den Feldern Unkraut duldete und Tiere zu häuslichen Gefährten aufzog, statt sie dem Metzger abzuliefern. Die pietistischen Andachten mied er ebenso wie die Wirtshäuser. Lieber wollte er «ein barmherziger Heide sein als ein unbarmherziger Christ». Und als ihm 1914 nahe gelegt wurde, Kriegsgedichte zu schreiben, gab er im Pluralis Majestatis Bescheid: «Das Heldentum des Nitroglyzerins erkennen wir nicht an!» Dessen ungeachtet wurde dem 1918 an Altersschwäche gestorbenen Dichter eine Kriegsfahne nachgetragen. In seinem Testament hatte er seinen Garten als Grab- und Pilgerstätte bestimmt, zudem als «Ort, wo bei Schneefall in strengem Winter Vögel gefüttert werden».

Der kleine Mann hatte mit seinen Verlautbarungen Großes im Sinn. Zwar wies er unentwegt auf die dürftigen Lebensumstände und Bildungsvoraussetzungen hin. Auch blieb ihm der Beweggrund seines Schreibens dunkel. Dass er nicht anders konnte, dass er im göttlichen Auftrag handelte, stand für ihn fest. Da ihm die Natur ihre innersten Geheimnisse offenbarte, fühlte er sich zu ihrem Dolmetscher berufen. Im gründerzeitlich bewegten Deutschland, das sich nach Macht, Fortschritt und Wohlstand reckte, zog Wagner grüblerische Privatissima mit Bäumen, Blumen und Schmetterlingen vor, die ihm nicht etwa Candides resignatives «Cultiver son jardin», sondern ein zukunftsfrohes Evangelium einflüsterten. Dieses predigte er seinesgleichen, den Mühseligen und Beladenen, die er an ihre Glücksmöglichkeiten erinnerte und zur «selbsteigenen Vervollkommnung» und «Rechtsanerkennung des Lebendigen» aufrief. Zu diesem Zweck entwarf er 1894 den Katechismus *Neuer Glaube*, der seine Prinzipien in einem 72-teiligen Frage- und Antwortkatalog deponierte: ein treuherziges Unternehmen, gewiss, dessen sprödere Passagen Wagner leider Recht geben, der die Beschaffenheit seiner Prosa mit der «Arbeit eines Holzhackers» verglich. Dennoch besticht auch hier manchmal die «heilige Nüchternheit» der Diktion, der so gar nichts Eifriges und Frömmlerisches anhaftet.

Der Prediger und der Reimeschmied gehen Hand in Hand durch Wagners Schriften. Ihre Produkte umschlingen sich wie schmückende Girlanden , doch unversehens – Peter Handke spricht von «schönen Zufällen» – verschwindet eins im andern, und es entsteht etwas beglückend Einzigartiges: ein gutes Gedicht. Es kündet jeweils, verdeckt oder offenkundig, vom Tod geliebter Menschen und ihrer Wiederkunft in der Natur, von zehrendem Leid und dessen Linderung durch das Glaubenserlebnis der Reinkarnation. Wagner hat diese Lehre nicht aus östlichen Schriften geschöpft, sondern aus einer radikal ganzheitlichen Erfahrung dessen, was ihn täglich umgab. Je nach Jahreszeit sind es Anemonen, Rosen, Nelken oder Nachtviolen, die mit ihrem blühenden, duftenden, leuchtenden Dasein das lyrische Ich in ihren Bann ziehen: eine merkwürdig anheimelnde Präsenz und zugleich etwas Geisterhaftes, das aus einer fernen Abgeschiedenheit herüberzuwehen scheint. Natürlich gehören auch Schmetterlinge, diese Verwandlungskünstler par excellence, zu Wagners Eideshelfern einer Metamorphose in unverhoffter Pracht. Seine beseelt-beseligende Atomistik erfasst alles Dahingegangene, Abgestreifte, Erloschene, und sei es das pure Atmen des Kindes, das man einmal war. Nicht immer kann der Dichter den Appell der Natur gleich gestimmt erwidern. An einer Stelle macht die Wiese im Tal, «von Herbstzeitlosen prangend, rosenschön», nur «schmerzlicher die eigene Öde» bewusst. Doch im Einklang mit dem umgebenden Geheimnis schafft die Gunst des schönen Zufalls – «antwortgebend, fragesingend» – die folgenden Zeilen:

«Kannst du wissen, ob von deinem Hauche
Nicht Atome sind am Rosenstrauche?
Ob die Wonnen, die dahingezogen,
Nicht als Röslein wieder angeflogen?
Ob dein einstig Kindesatemholen
Dich nicht grüßt im Duft der Nachtviolen?»

Christian Wagners wichtigste Bücher sind als Reprint der Erstausgaben im Jürgen Schweier Verlag, Kirchheim/Teck, erhältlich.

Nathanael West (1903–1940)

Der Pechvogel aus New York

Etwas Ungreifbares, Unbegreifliches war ihm eigen. William Carlos Williams, der 1932 mit ihm zusammen eine Zeitschrift herausgab, erwähnt in seiner Autobiographie ein «schlankes, leicht gebeugtes Individuum» mit «halbverwirrten, dunklen Augen», im Übrigen «a great guy», aber an das Gesicht konnte er sich nicht mehr erinnern. Seine Freunde nannten ihn Pep, weil er eben diesen «pep» (Schwung) auffällig vermissen ließ. Er selbst nannte sich West, um der Losung «Go west, young man!» zu entsprechen. Militär und Religion waren ihm verhasst, und er verbreitete sich stundenlang über kirchliche Einrichtungen und napoleonische Schlachten. Aus einem angeregten Gespräch fiel er plötzlich ins Schweigen und Grübeln. Man spottete über seine ungeschickten Bewegungen, doch manchmal konnte er so elegant einen Drink anbieten, «als würde er eine Rose überreichen» (Josephine Herbst). Er war eingefleischter Pessimist, und die vielen Pechsträhnen seines Lebens mussten ihn in der finsteren Sicht der Dinge bestätigen. Dennoch setzte er sich unverdrossen über literarischen Misserfolg hinweg.

Nathanael West wurde 1903 als Nathan Wallenstein Weinstein und Sohn eines Bauunternehmers in New York City geboren. Wie er später bemüht war, mit dem Namen seinen jüdischen Hintergrund abzustreifen, fälschte er zweimal die Schulpapiere, um 1924 doch noch mit einem Universitätsabschluss aufzuwarten. Danach zog er für die nächsten zwei

Jahre nach Paris, wo er, dadaistisch und surrealistisch bewegt, seinen unflätig-launigen Erstling *The Dream Life of Balso Snell* ausheckte. Zurück in New York arbeitete er mehrere Jahre als Hotel-Manager, insbesondere im Hotel Sutton an der East 23rd Street, und nutzte seine Stellung dazu, bedürftige Literaten-Freunde, etwa Dashiell Hammett und Lillian Hellman, mehr oder weniger kostenlos unterzubringen. In dieser vom Börsenkrach an der Wall Street erschütterten Zeit entstand sein zweiter Roman *Miss Lonelyhearts* (1933), der, kaum hatten sich die Rezensenten zu einer positiven Würdigung entschlossen, im Bankrott seines Verlags unterging. Immerhin ermöglichte ihm dieser Achtungserfolg den Einstieg in Hollywood, das ihn fortan für diverse kleinere Studios als Drehbuchautor verpflichtete. Nebenher schrieb er einen dritten, mäßig beachteten Roman, *A Cool Million* (1934), der eine Candide-Figur auf eine ernüchternde Rutschbahn in die Depressionsjahre sausen ließ. Obwohl er die ihm übertragenen Arbeiten diszipliniert erledigte, betrachtete West seine Tätigkeit in Hollywood als reinen Gelderwerb – und Nährboden für ein weiteres Buch. Dieser 1939 erschienene Roman *The Day of the Locust* handelt von einem Häufchen verschlagener Existenzen, die, von der Glücksindustrie und sich selber genarrt, an den Rändern der Filmwelt herumhängen und zuletzt ihre Frustrationen in einem apokalyptischen Mob – dem «Tag der Heuschrecke» – austoben. Zum literarischen Durchbruch reichte es auch diesmal nicht. Dafür verheiratete er sich im April 1940 offenbar glücklich, und West gelobte, künftig nur noch «einfache, warme und nette Bücher» zu schreiben. Ein grimmig aufgelegtes Fatum, als hätte er's einer seiner Pechvogel-Figuren zugedacht, hinderte ihn an der Ausführung dieses Vorsatzes. Auf der Rückfahrt von einer Mexiko-Reise im Dezember 1940 übersah West ein Stoppsignal, rammte einen anderen Wagen und fand dabei mit seiner Frau den Tod.

In *Some Notes on Miss L* trat Nathanael West dezidiert für den Kurzroman ein: «Vergiss das Epos, das Meisterwerk. In Amerika akkumulieren die Vermögen nicht, wächst kein Boden, haben Familien keine Geschichte. Überlaß allmähliches Wachstum den Rezensenten, du hast nur Zeit zu explodieren.» Nun hat der Autor allerdings gut vier Jahre an der explosiven Ladung der *Miss Lonelyhearts* gebastelt und mit unerbittlicher Sorgfalt an seinen Spreng-Sätzen gefeilt. Die Detonationskraft des Buches beruht denn auch auf dem Zusammenprall einer streng überwachten, gebändigten Form und einer höchst unordentlichen, chaotischen und – schlimmer noch – ausweglosen Wirklichkeit. Mit dieser haben sich sogar die Träume verschworen: Statt den Menschen etwas Trost zu gewähren, setzen sie das tägliche Elend in beklemmenden Bildern fort. Für solche Beschädigungen ist der Titelheld des Romans zuständig, ein junger Mann, der als «Miss Lonelyhearts» die Briefkasten-Spalte einer New Yorker Tageszeitung betreut. Die Karriere im Auge und den Spott der Kollegen im Nacken, sucht er vorerst seine Aufgabe als «Witz» aufzufassen, doch mit der Zeit stellt er fest, dass er es bei der knüppeldick eintreffenden Herzenspost mit dem «unbeholfenen Ausdruck echter Seelennot» zu tun hat. Mit Ironie ist da wenig zu bewirken. Die seelsorgerlichen Phrasen widerstreben ihm immer mehr. So schlägt er einen prekär schlingernden Kurs ein, mobilisiert ein «großes verständnisvolles Herz» für seine Schützlinge, um dann unversehens zu erstarren oder gar in hilfloser Gewalttätigkeit auszuschlagen. Seit Kindestagen trägt er einen Jesus-Komplex, «his Christ business», mit sich herum, dem er ohnmächtig erliegt, obwohl er ihn als «Hysterie» durchschaut: «eine Schlange, deren Schuppen winzige Spiegel sind, in denen die tote Welt etwas wie Leben gewinnt».

Eine gründliche Fallstudie scheint vorzuliegen, eine freilich, die auf psychologische Herleitungen oder Deutungen verzichtet. Umso genauer, greller beleuchtet West das Umfeld, in welchem sich der Kolumnist bewegt, die Interaktionen von Gesprächen und Gebärden. Als Gegenpart tritt Miss Lonelyhearts' Vorgesetzter Shrike auf: ein abgebrühter, redegewandter Zyniker und impotenter Faun, der den Untergebenen wie eine Marionette am Gängelband seiner Sprüche zappeln lässt. Von der Verlobten Betty erhofft sich der Verhöhnte, sie würde «mehr als nur die Krawatte in Ordnung bringen», wenn sie ihm diese richtet, und zuckt doch jedes Mal wieder vor ihrer zimperlichen Blässe zurück. Endlich verheddert er sich mit tödlicher Ambivalenz in der Beziehung zu einer monströsen Verehrerin und deren verkrüppelten Gatten.

Somit geht es allenthalben unerquicklich zu, und das von West mit großem Geschick angewandte literarische Instrumentarium dient lediglich dazu, die Trostlosigkeit zu akzentuieren. Wie sollte sich dieser Lebensernst zur vorgeschriebenen Heiterkeit der Kunst läutern? – Dennoch, ich kann's nicht leugnen, schmeckt das magere, durchgeklopfte, scharf gewürzte und hingebungsvoll gegrillte Prosasteak ausgezeichnet.

Nathanael Wests Roman ist unter dem Titel Schreiben Sie Miss Lonelyhearts *als Diogenes-Taschenbuch erhältlich.*

Die Unlogik des Schicksals

Ludwig Winder (1889–1946)

Etwa jene vernunftlose Instanz, die den Büchern ein mehr oder weniger bewegtes, länger oder kürzer befristetes Dasein zuweist? Im selben Zug, wie die Nachwelt Leseversäumnisse einer fehlbaren Mitwelt berichtigt, feiert sie insgeheim Triumphe der Vergesslichkeit. Dem pragerdeutschen Autor Ludwig Winder ist das Bücherfatum neuerdings gewogen. Im Zug einer kleinen Winder-Renaissance hat es sich jüngst des Romans *Die Novemberwolke* erbarmt, der seit 54 Jahren seiner Veröffentlichung harrte.

Eine schicksalhafte Mitgift, die Orthodoxie und provinzielle Enge des Ghettojudentums, prägte seit Generationen Winders Familie. Schon Ludwigs Vater hatte gegen sie aufbegehrt und sich schließlich, als Leiter einer konfessionellen Schule, damit abgefunden. Für den in Schaffa (Mähren) geborenen Ludwig, der eben diese Schule besuchen musste, verbanden sich die religiöse und die väterliche Autorität zu einem lebensfeindlichen Element, das er in seinem berühmtesten Roman *Die jüdische Orgel* (1922) «Strick Gottes» nennen sollte. Mit 18 Jahren entkam er solcher Einschnürung, indem er nach Wien zog und als Reporter der linksliberalen Tageszeitung *Die Zeit* eine journalistische Laufbahn einschlug. In der Folge gelangte er über die Stationen Bielitz, Teplitz-Schönau und Pilsen, an deren lokalen Blättern er als Kultur-Referent wirkte, erneut nach Wien, wo ihm die Aufgabe zufiel, einem Grafen beim Verfassen eines Opus über Löwenjagd zu assistieren. 1914 fand er in Prag das ihm gemäße Betätigungsfeld und eine zweite Heimat: Die *Deutsche Zeitung Bohemia* übertrug ihm die Leitung des Feuilletons, die er 24 Jahre lang innehielt. Der integre, bescheidene Mann, dessen vorwiegend ernstes Naturell seit seiner Verheiratung auch heitere Seiten offenbarte, war bei allen Prager Bevölkerungsteilen angesehen. Und da Winder nach juvenilen Fingerübungen in Lyrik und Dramatik ab 1917 einige zumindest von Kollegen hochgeschätzte Romane vorlegte, wurde er 1924 als Nachfolger Kafkas in den erlesenen «Prager Kreis» aufgenommen. Schon zuvor hatte Thomas Mann an der *Jüdischen Orgel* gerühmt: «Selten ist mir jüdisches Wesen so visionär lebendig geworden.» *Dr. Muff,* der die ruchlosen Machenschaften eines dem tschechischen Schuhkönig Ba'ta nachgebildeten Emporkömmlings mit dem ohnmächtigen Idealismus eines Lehrers kontrastiert, wurde von René Schickele zum «schönsten Buch des Jahres 1931» erklärt. Der Dienstmädchen-Roman *Steffi oder Familie Dörre überwindet die Krise* trug Winder 1934 den Staatspreis der tschechoslowakischen Republik ein. Für das pluralistische Staatsgebilde Masaryks war Winder rückhaltlos eingetreten, und als im März 1939 deutsche Truppen diesem ein Ende setzten, floh er drei Monate später mit seiner Frau und einer Tochter unter abenteuerlichen Umständen nach England. Die zweite Tochter Eva blieb in Prag bei ihrem Freund zurück, und ihr ungewisses Los hat Winders Exiljahre zusätzlich eingetrübt. Zwar überlebte Winder die deutschen Luftangriffe in den unweit von London gelegenen Ortschaften Reigate und Baldock, doch 1941 wurde an ihm eine unheilbare Herzkrankheit diagnostiziert. Periodisch ans Bett gefesselt, bewahrte er eine erstaunliche Gelassenheit und Disziplin. Bis zu seinem Tod im Juni 1946 trotzte er seiner Physis noch vier Romane ab, von denen zu seinen Lebzeiten nur zwei eine beschränkte Öffentlichkeit fanden. Weit mehr als diese Misslichkeit hat ihn geschmerzt, dass ihm die ersehnte Rückkehr nach Prag versagt war.

Die Novemberwolke (1941/42) ist der Roman einer fortwährenden Bedrohung. Nach der gelungenen Flucht ins Exil und dem Sieg der Royal Air Force über Hitlers Luftwaffe lauerte für Winder nunmehr der Tod im eigenen Körper. Dazu gesellten sich Sorgen um das Leben seiner Tochter, die Verhältnisse in der Heimat und den Ausgang des Krieges. Akute Bedrängnis durchzittert das ganze Buch, das den Zeitraum einer Novembernacht 1941 während der Bombardierung Londons umfasst. Die erzählerische Aufmerksamkeit gilt einem Mehrfamilienhaus, das sich von der übrigen, auffällig ruhigen Umgebung nur dadurch unterscheidet, dass seine Bewohner einzelne Zimmer an Emigranten vermietet haben. Hier im Keller verbringt diese zusammengewürfelte Gruppe die Nacht. Draußen herrscht eine finstere Lautlosigkeit, die von unheilvollen leitmotivischen Einsätzen unterbrochen wird: dem «schrecklich dröhnenden wahnsinnigen Gesang der Motoren, dem schrecklich dröhnenden wahnsinnigen Gesang der Mörder». Ihre hilflose Lage lässt die Menschen zusammenrücken und sich einander mitteilen, um sie alsdann wieder in ihre je eigenen Empfindungen, Gedanken und Erinnerungen zu verstoßen. So münden die Gespräche kaum merklich in Monologe, in erlebte Rede. Keine Figur tritt heldenhaft hervor, aber eine jede bewahrt – gemäß Winders zentraler Kategorie – ihre «menschliche Würde». Die von Angst geschüttelte Mrs. Wilson sucht der bebenden Welt mit Alkohol beizukommen. Den gutmütigen Jack Smith bringen weder Bomben noch die Schwangerschaft seiner Frau Rena aus der Ruhe. Der Tischler Pattinson vermisst die handgreifliche Ordnung seiner früheren Lebenssphäre, findet aber den nötigen Halt in schlichter Religiosität. Ein aus Wien verjagter Philosophieprofessor hat innerlich seinem Fach abgeschworen und erwägt eine Tätigkeit als Kellner, während sich seine Tochter Ruth, von schlimmen Vorahnungen gepeinigt, mit dem Exil nicht arrangieren kann. Am nächsten stehen Winder freilich der tschechische Soldat Kulík und das Ehepaar Wahle. Der deutsche Pastorensohn und Antifaschist Wahle, der an einem geschichtsphilosophischen Werk arbeitet, schöpft aus der «Unlogik des Schicksals» die Zuversicht, dass einst die Erinnerung an die Barbarei die Wiederkehr des Schrecklichen verhindern möge. Und Kulík bürgt gewissermaßen mit seiner optimistischen Tatkraft für jene gerechte egalitäre Welt, an die er glaubt. Nicht umsonst steht am Ende der Mordnacht ein heller Akzent: die Geburt von Renas Kind.

Einzigartig zart hat der Autor – wie ihr diminutivischer Rufname Vjeruschka andeutet – Wahles junge Frau Vera konzipiert, die ganz dem Augenblick lebt und inmitten der Misere den kleinen Dingen des Lebens einen tröstlichen Reiz abgewinnt. So war es Winder wenigstens in der Literatur vergönnt, das Bild seiner Tochter Eva unversehrt nach England hinüberzuretten. 1945 erhielt er die Nachricht, dass Eva in Bergen-Belsen kurz vor der Befreiung des Lagers umgekommen war.

Ludwig Winders nachgelassener Roman Die Novemberwolke *ist im Igel Verlag, Paderborn 1996, erschienen.*

Die Einzige und ihr Eigentum

Unica Zürn (1916–1970),
gezeichnet von
Hans Bellmer

Ist es der lebenszeitlich Umgetriebenen post mortem gelungen, wenigstens in der Literatur eine Heimstatt zu finden? Und wo wäre sie dort anzutreffen? Man ist versucht, ihre Anagramm-Dichtung in die Nähe eines Oskar Pastior zu rücken, der solcher Nachbarschaft mit dem Buchstabenrätsel «Azur in Nuce» gehuldigt hat. Oder man könnte den *Mann im Jasmin* (1971) einer Tradition vergleichbarer «Eindrücke aus einer Geisteskrankheit» zuordnen und empfindet wiederum die hellsichtige Distanz, welche die Autorin ihren seelischen Anfechtungen gegenüber aufbringt, beispiellos. Ein wesentlicher Teil ihres Werks ist autobiographisch, und dennoch bleibt am Ende ihre Erscheinung ungreifbar. Sie selber hat ihre Identität amtlich bereinigt, indem sie 1954 auf dem Personalausweis den Beruf «Schriftstellerin» und den Vornamen Unica, die Einzige, nachtrug.

Nora Berta Unika Ruth Zürn wurde 1916 als Tochter eines preußischen Rittmeisters und dessen um 18 Jahre jüngeren Gattin in Berlin-Grunewald geboren. Vater und Mutter dürften ihr wenig Geborgenheit vermittelt haben, doch das exotisch ausstaffierte, herrschaftliche Elternhaus gewährte ein Refugium, in welchem sich ihre Phantasie frei entfalten konnte. Jedenfalls sprach sie rückblickend von einer «wunderbaren Kindheit». Nach der Schulzeit arbeitete sie, zuletzt als Werbefilmdramaturgin, bei der Ufa. Nebenbei dilettierte sie in Literatur und leistete 1935 einen von den Nazis angebotenen «freiwilligen Arbeitsdienst» in der Landwirtschaft. Beneidenswert erschien ihr damals das Los eines tibetanischen Bettelmönchs: «Der hat's so doch eigentlich sehr schön und angenehm». Mitten im Krieg versuchte sie es mit der bürgerlichen Normalität: Sie heiratete 1942 Erich Laupenmühlen, einen Direktor der Leitz-Werke. Die Ehe, aus der zwei Kinder hervorgingen, wurde 1949 wegen Untreue des Gatten geschieden.

Nun verkehrte sie in der Berliner Künstlerszene und bestritt ihren Unterhalt aus manierlichen, leicht surrealistisch getönten Kurzgeschichten, wie sie damals von Zeitungen gern gedruckt wurden. 1953 lernte sie in einer Berliner Galerie den Maler Hans Bellmer kennen und beide erlagen ihrer je wechselseitigen Faszination. Als «Kameraden im Elend» (U. Zürn) blieben sie seither aneinander gekettet. Unica begleitete Bellmer nach Paris und bewohnte mit ihm im Hôtel de l'Espérance an der Rue Mouffetard ein schäbiges Logis, das sie als «romantische Höhle» würdigt. Die materielle Not war der Schaffensfreude des verliebten Paars nicht abträglich. Bellmer unterrichtete Unica im Malen und Radieren, vor allem auch in der Kunst der Anagramm-Dichtung, in der sie es zur unbestrittenen Meisterschaft brachte. Schon 1953 wurden ihre Bilder in Paris ausgestellt, ein Jahr später in Berlin unter dem Titel *Hexentexte* eine kleine Auswahl von Zeichnungen und Anagramm-Gedichten publiziert. Doch spätestens 1960 büßte sie ihr Lebens- und Schaffensglück, mithin jegliche Daseinsstabilität unwiderruflich ein. Während eines Berlin-Aufenthalts wurde sie von Depressionen und Wahnvorstellungen heimgesucht und in eine Klinik eingewiesen. Seitdem vermochte sie dem Teufelskreis aus prekärer Freiheit und geschlossener Anstalt, Euphorie und Niedergeschlagenheit, Trennungen und Versöhnungen mit Bellmer, künstlerischer Tätigkeit und Apathie nicht mehr zu entrinnen. 1970 ließ sie sich aus Bellmers Wohnung im 5. Stock auf die Straße fallen.

«Unicas Lächeln, aus dem etwas fern Zurückliegendes, Kindliches nie verschwand, war ein kleines Naturereignis», erzählt ihre Freundin Ruth Henry. Dem Mädchen, das in der unerbittlichen Prosa *Dunkler Frühling* (1969) ihre eigene Kindheit durchlebt, hat Unica Zürn dieses Lächeln versagt. Ein tödlicher Ernst umfängt ihr namenloses Alter Ego, und da die Autorin es in der dritten Person und im Präsens vergegenwärtigt, gewinnt der Leser beinahe den Eindruck, er betrachte durch ein Mikroskop die Zuckungen und Verrenkungen eines exotischen Wesens. Auch das Mädchen hält es mit dem Beobachten, das ihm sogar zum «unerschöpflichen Vergnügen» gereicht, aber die Neugierde, die es quält, ist im genauen Wortsinn «heillos». Eine gnadenlose Linearität bestimmt den Ablauf der Begebenheiten. In einem Stakkato, das kein Ausruhen erlaubt, folgt Satz auf Satz, und doch wirkt ein jeder so vereinzelt und verloren, als stünde er ohne Zusammenhang. Am ehesten wird dieser von der finsteren Folie hergestellt, die im Titel anklingt und sich durch das ganze Buch zieht. Ihr entsprechen jene «Leere und Einsamkeit» des Mädchens, die leitmotivisch immer wieder beschworen werden. Zwar vergöttert es seinen Vater, doch da er sich zumeist im Ausland aufhält, gilt die Liebe einem Abwesenden. Gegenüber der Mutter hegt es von Anbeginn eine entschiedene Abneigung. Der Bruder nähert sich ihm nur als Vergewaltiger. Und selbst wenn es seiner Misere mit Einbildungskraft beizukommen sucht, fügt es sich Leid zu: «Die Tage sind unerträglich, voll kleiner Ärgernisse. Und die Sonne scheint dumm von einem ewig blauen Himmel. Mit aller Gewalt mußsie sich in ihre Phantasie retten, um das Leben zu ertragen.» So schafft es sich aus der von Lektüre, Kino und Wandbildern erhitzten Imagination einen Stab von Nachtwächtern, die ihm, statt seinen Schlaf zu behüten, mörderische Alpträume bescheren.

Unica Zürns Darstellung der Pubertät zeigt einen unaufhörlichen Wechsel von dumpfer Langeweile und Zuständen der Erregung. Die Welt der Pubertierenden ist überall von Sexualität besetzt, die bald schockartig in ihren Alltag einbricht, bald von ihr begierig auf die Menschen und Dinge übertragen wird. Diese Erfahrung teilt sie mit Schulkameradinnen, die gleich ihr in der Badeanstalt einen mysteriösen Fremden umschwärmen. Während aber die andern Mädchen am Idol ihre Reize ausprobieren, bleibt sie auf Distanz und begnügt sich mit den Wonnen der Beobachtung. Insgeheim wachsen freilich ihre Gefühle ins Unermessliche. Dafür wagt sie allein, ein einziges Mal, den nichts ahnenden Geliebten zu besuchen und bringt als Trophäen einige Souvenirs nach Hause. In der hoffnungslosen Liebe zu diesem Mann glaubt sie ihr Leben gerechtfertigt, und zugleich «ist sie so ergriffen von seiner Erscheinung, daß sie sofort gerne sterben würde».

Bezeichnenderweise wohnt der Fremde, der in der Zuneigung des Mädchens die Nachfolge des Vaters antritt, in der nämlichen Uhlandstrasse, wo Unica Zürn nach der Scheidung ihrer Eltern 1931 eine Zeit lang mit ihrem Vater gelebt hatte. Und indem sich das Mädchen am Ende der Erzählung aus einem Fenster des Elternhauses fallen lässt, nimmt es den

Suizid der Autorin vorweg. Nicht nur die lächelnde, auch die schreibende Unica Zürn wurde bis in den Tod von ihrer Kindheit ereilt.

Unica Zürns Erzählung Dunkler Frühling *ist 1995 im Merlin Verlag, Gifkendorf, erschienen.*

Robert Walser im «Beiseit»

Die lyrischen Notate des Dichters

Robert Walser (1878–1956)

Es mag überraschen, dass auf dem neuen, zu Ehren und zum Gedenken Robert Walsers errichteten Grabstein ausgerechnet ein Gedicht steht. Schließlich ist Walser als Erzähler bekannt geworden, und er hat wohl auch in seinen Romanen und den von ihm gerne so genannten «Prosastückli» seine bedeutendsten Werke geschaffen. Nur ein einziger Lyrikband ist zu seinen Lebzeiten erschienen, dieser allerdings in prunkvoller bibliophiler Ausstattung, geschmückt mit 16 Originalradierungen seines Bruders Karl.

Dennoch hat Walser vorerst, nachdem sein beruflicher Traum der Schauspielerei nicht in Erfüllung ging, als Lyriker eine dichterische Identität angestrebt. Über zwanzig Jahre später erinnert er sich folgendermaßen an diese Anfänge: «Wie ich zum Dichten kam, weiß ich selber nicht recht. Ich las Gedichte, und da fiel mir ein, selbst welche zu schreiben. Das gab sich, wie sich sonst etwas gibt. Ich habe mich oft gefragt, wie es anfing. Nun, es fing bei einem Zipfelchen an und nahm mich fort. Kaum wußte ich, was ich tat. Ich dichtete aus einem Gemisch von hellgoldenen Aussichten und ängstlicher Aussichtslosigkeit, war immer halb in Angst, halb in einem beinah übersprudelnden Frohlocken.»

Bereits 1898 durfte der, wie es hieß, «zwanzigjährige Handelsbeflissene in Zürich, R. W.» im Sonntagsblatt des Berner *Bund* sechs seiner «Lyrischen Erstlinge» gedruckt sehen, feinfühlig eingeleitet und kommentiert vom damaligen Literaturredakteur der Zeitung, Joseph Viktor Widmann. Und diese Publikation, die den Namen des Dichters eher verschwieg als zukunftsträchtig annoncierte, war ungemein folgenreich. Dank ihr wurde nämlich der rührige österreichische Schriftsteller Franz Blei auf Walser aufmerksam. Die beiden lernten sich in Zürich persönlich kennen, und es war dann vermutlich wiederum Franz Blei, der Walser 1899 an die Herausgeber der Münchner Jugendstil-Zeitschrift *Die Insel* weiterempfahl. Während des kurzen Bestehens der Zeitschrift gehörte Walser als einziger Schweizer Autor zu den regelmäßigen Beiträgern, und immerhin konnte 1904 im eben gegründeten Verlag der *Insel* Walsers erstes Buch, *Fritz Kochers Aufsätze*, erscheinen.

In den je acht Berliner und Bieler Jahren, also zwischen 1905 und 1921, schrieb Walser nur noch etwa zwei Dutzend Gedichte. Doch wenige Jahre nach seinem Umzug nach Bern, zu einem Zeitpunkt, da sämtliche Buchprojekte mit Ausnahme der letzten Prosasammlung, *Die Rose* (1925), scheiterten und Walser endgültig unter den berüchtigten ‹Strich› des Feuilletonismus geriet, setzte eine umfängliche lyrische Produktion ein, die bis zum Ende der literarischen Tätigkeit anhielt. Rund 500 Gedichte entstanden in dieser Periode, von denen ein Großteil noch unbekannt ist, da er sich nur im mikrographischen Entwurf erhalten hat. Es sind ganz einzigartige, freilich oft auch befremdliche Gebilde, die man vielleicht am besten als ‹lyrische Notate› bezeichnet. So unterschiedlich sie sich in ihren inhaltlichen und formalen Eigenheiten ausnehmen – bald hemmungslos ausgelassen bis zur Albernheit, bald in einer schockierend unverstellten Weise bekenntnishaft und freimütig –, ihr gemeinsames Wesen ist die Spontaneität. Die nächstliegenden Begebenheiten, Einfälle und Empfindungen, oder bloß eine zufällig frei gebliebene Lichtung auf dem «Mikrogramm»-Blatt, genügen, um ein Gedicht entstehen zu lassen. Ihre Intimität entspringt aber nicht zuletzt der Ungewissheit des Dichters, ob seine «tagebücheligen» Reimereien je an die Öffentlichkeit gelangen würden.

Während also der jugendliche Walser mit geradezu rührender Ernsthaftigkeit seine dichterischen Anliegen artikulierte und dabei durchaus eine Leserschaft suchte, kümmerte sich der spätere Gelegenheitslyriker wenig um die formale Gelungenheit seiner Schöpfungen und schon gar nicht um deren Rezeptionsschicksal. Was auf den «Mikrogramm»-Blättern anschaulich wird, gilt für ihre Bedeutung allgemein: Sie umranken als zierliche Ornamente die übrigen Gattungen, die Prosastücke und die dramatischen Szenen. Dazu passt nicht schlecht, dass jene rund 200 Gedichte, die Walser in den sieben letzten Schaffensjahren veröffentlichen konnte, an der Grenze des deutschen Sprachbereichs, nämlich in Prag, erscheinen mussten. Wie immer es sich um solche halb aufgezwungene, halb selbst gewählte Randständigkeit verhalten mochte, das Gedicht auf dem Grabstein erinnert uns daran, dass schon der Jüngling Walser sein Lebens- und Schaffensglück eher an den Rändern als in den Zentren der Wirklichkeit zu finden hoffte.

Es ist durchaus wahrscheinlich, wenn auch nicht mit Sicherheit nachzuweisen, dass sich das Gedicht *Beiseit* schon unter jenen vierzig «Lyrischen Erstlingen» befand, die Walser 1898 Joseph Viktor Widmann eingesandt hatte. Jedenfalls gehörte es zu einer Gruppe von sieben Gedichten, die im August 1899 in der *Wiener Rundschau* erschienen. 1907 wurde es abermals im *Deutschen Almanach* des Verlags Julius Zeitler abgedruckt, bevor es 1909 in den erwähnten bibliophilen Sammelband des Bruno Cassirer Verlages aufgenommen wurde. Doch nun zu seinem Text:

Beiseit

Ich mache meinen Gang;
der führt ein Stückchen weit
und heim; dann ohne Klang
und Wort bin ich beiseit.

Auch wenn ihn seine Gattungszugehörigkeit und Entstehungszeit an die Peripherie von Walsers Schaffen verweisen, kann man alle seine Bestandteile mühelos ins Gesamtbild des Dichters integrieren. Etwa jene Zaghaftigkeits- und Demutsgebärde, die sich wunderlich mit Eigensinn, einem unverkennbaren Anflug von Stolz paart. Der Gang, der so lakonisch angesagt wird, führt nur gerade über vier Zeilen und mündet in Laut- und Sprachlosigkeit. Die dabei zurückgelegte Strecke ist unbeträchtlich, und selbst diese Unbeträchtlichkeit minimalisiert Walser, verniedlicht er zu dem für ihn bezeichenden Diminutiv «ein Stückchen». Anderseits macht sich derjenige, der sich zu dem bescheidenen Unternehmen anschickt, gleich mit dem ersten Wort als ‹lyrisches Ich› geltend, und dieses wiederum erklärt durch das Possessivpronomen «meinen» den «Gang» zu einer nur ihm zustehenden Besonderheit.

Noch befremdlicher als die – ohnehin kärglich angegebene – Modalität des Wegs nimmt sich die des Ziels aus. Zwar erweist sich der Weg als Heimweg, aber der klassische Topos der Ankunft vermittelt nicht die Traulichkeit des bürgerlichen Heims. Die strenge Endgültigkeit, mit der hier das Ich von der Außenwelt abgeschnitten und von jeglicher Lebensäußerung entbunden wird, ähnelt dem Tod. Unversehens scheint der Gang, so kurz er greift, ein ganzes Leben zu umspannen, ein resümiertes Leben sogar, vom unheimlich-heimeligen «Beiseit» aus gesehen. Ein anderer Walser-Text, *Schwendimann*, wird hier gleichsam vorweggenommen, die Geschichte jenes «sonderbaren Mannes», der sein rastloses Leben auf der Suche nach dem «rechten Haus» verbringt, bis er es zuletzt entdeckt: «Er trat in das Haus hinein, das am Ende jeder findet und wo nicht nur für ihn, sondern für alle Platz vorhanden ist, und wie er hineingekommen war, sank er um und war tot, denn er war ins Totenhaus gekommen, und hier hatte er Ruhe.»

Man könnte in diesem Zusammenhang eine unabsehbare Reihe von Walser'schen Geborgenheitsvokabeln und -bildern anführen, die vom Tod umwittert sind, zumal den von Walser zeit seines Schreibens immer wieder beschworenen Schnee, der ihn auch real auf seinem letzten Gang begleitet hat. Doch vielleicht sollten wir unser Augenmerk weniger auf den Vorschein des Todes richten als vielmehr darauf, wie hier einer sein Zuhause im «Beiseit» einrichtet. Auf das Wort «beiseit» gravitiert das Gedicht zu – entsprechend seinem Titel – und findet in ihm, als letztem Wort, seine Ruhe. Entstehungsgeschichtlich handelt es sich dabei lediglich um eine nachträgliche Korrektur, die Walser erst für die Buchausgabe (1909) vornahm und die eine frühere Version ersetzte. Ursprünglich waren die vier Zeilen *Spruch* betitelt, was uns umso eher dazu berechtigen mag, sie nunmehr als Grabtext zu lesen. Viel wichtiger aber: in den ersten beiden Druckfassungen lautete der abschließende Satzteil noch: «dann ohne Klang / und Wort bin ich *befreit*».

Ich wüsste keine Stelle in Walsers Dichtungen, wo uns seine Lebens- und Schaffensbedingungen eindringlicher offenbart würden als im Wechsel der Reimwörter «befreit» / «beiseit», die hier plötzlich wie austauschbare Synonyme auftreten, wobei ein jedes, bezogen auf den biographischen Zusammenhang, polyvalent, mehrsinnig ausgelegt werden kann. Denn «befreit», das bedeutete für Walser unter anderem die Möglichkeit, als «freier Autor» tätig zu sein, gleichzeitig war aber solche glückliche Enthobenheit vom bürgerlichen Broterwerb bisweilen mit materieller Bedürftigkeit oder gesellschaftlicher Missachtung verbunden. Ähnlich hieß «beiseit» die für Walser unabdingbare Voraussetzung seiner schöpferischen Arbeit, wie auch jenes zunehmend schmerzlich empfundene Abseits, das ihn von den Mitmenschen trennte.

Es sei noch auf einen begütigenden, tröstlichen Widerspruch hingewiesen. «Ohne Klang und Wort»: so hat Walser die Befindlichkeit im heimischen «Beiseit» angegeben. Das trifft wohl zu für die kommunikative Abgeschiedenheit des Menschen, aber der Dichter hebt diese Sprachlosigkeit wiederum auf durch die Wörter und Klänge seiner Lyrik. Das Gedicht selber widerlegt jene menschenferne Stille, die es beschreibt und der es seine Entstehung verdankt. Heute wird Robert Walsers unvorstellbar tapferes Leben im «Beiseit» mehr denn je von der klang- und wortmächtigen Präsenz seiner Werke überwölbt.

Ansprache, die Werner Morlang am 15. September 1987 in Herisau anlässlich der Grabsteineinsetzung auf dem neuen Grab gehalten hat.

INHALT

Einleitung 7

Wie er es sah
  Peter Altenberg 13

Der Grandseigneur unter dem Strich
  Victor Auburtin 17

Des Menschenherzens heimliche Falten
  Steen Steensen Blicher 21

Der artikulierte Schweiger
  Emmanuel Bove 25

Verzettelte Hinterlassenschaft eines Bastards
  Sébastien Nicolas Chamfort 29

Es schreibt
  Lena Christ 33

Tour du monde eines poetischen Velozipedisten
  Charles-Albert Cingria 37

Die 40 Seiten des Monsieur Denon
  Dominique-Vivant Denon 41

Die Furie des Verschwindens
  Leonid Dobytschin 45

Die im Dunkeln
  David Goodis 49

Unbestechliche Wehmut
    Hermann Grab 53

Poesie des Parlandos
    Henry Green 57

«1 Gratis-tip für Taschenbuchverleger»
    Karl von Holtei 61

Der Weg zurück
    Yasushi Inoue 65

Von Büchern und anderen Seligkeiten
    Jean Paul 69

Von Schluck zu Schluck
    Wenedikt Jerofejew 73

Licht und Schatten
    Eduard von Keyserling 77

Gelegenheitspoesie und ihre Folgen
    Omar Khayyám 81

Der letzte Einsiedler auf Patmos
    Robert Lax 85

Der Rest ist Schweigen
    Hans Lebert 89

Das Salz des Greises
    Marcel Lévy 93

In Feuer geträumt
    Arthur Machen 97

Erkundungen eines Amateurs
  Xavier de Maistre 101

Grabesunruh
  Edgar Lee Masters 105

Der getanzte Alptraum
  Horace McCoy 109

Gerhard Meiers anderer Tag
  Gerhard Meier 113

Der Pfarrer und sein Töchterlein
  Johann Wilhelm Meinhold 117

Gefiederte Sprachbälle
  Thomas Love Peacock 121

Die Verschollene
  Gertrud Pfander 125

Der arme Mann aus dem Vispertal
  Thomas Platter 129

Produktive Enthaltsamkeit
  Ernst Polak 133

Das Ich und das Ganze
  Antonio Porchia 137

Der Findling aus Nordwales
  John Cowper Powys 141

Don Quijoterien eines Konsuls
  José Maria Eça de Queiroz 145

Fegefeuer in Comala
Juan Rulfo 149

Le piccole cose
Umberto Saba 153

Der lachende Dritte
Saint-Évremond 157

Das ungelüftete Inkognito
Rahel Sanzara 161

Heimatkunde
Anna Seghers 165

Die Wonnen der Aufzählung
Sei Shonagon 169

Die Saudade des Fliegenden Holländers
Jan Jacob Slauerhoff 173

Das gespenstische Tierchen
Fjodor Sologub 177

Schmetterling und Löwin
Alfonsina Storni 181

Das Wunder des Lazarus
Italo Svevo 185

Trost in der Schwebe
Ruth Tassoni 189

Siena ohne Sonne
Federigo Tozzi 193

Die unerquicklichen Realien
  Hermann Ungar 197

Poet und Bauer dazu
  Christian Wagner 201

Der Pechvogel aus New York
  Nathanael West 205

Die Unlogik des Schicksals
  Ludwig Winder 209

Die Einzige und ihr Eigentum
  Unica Zürn 213

Robert Walser im «Beiseit»
  Robert Walser 219